L.

GUIDE DU VOYAGEUR

SUR LES

BATEAUX A VAPEUR

De Paris au Hâvre.

IMPRIMÉ PAR BÉTHUNE ET PLON, A PARIS.

GUIDE DU VOYAGEUR

SUR LES

BATEAUX A VAPEUR

De Paris au Hâvre,

Précédé d'une Notice

SUR LE CHEMIN DE FER DE PARIS A SAINT-GERMAIN;

ET CONTENANT

LA DESCRIPTION GÉOGRAPHIQUE ET HISTORIQUE DES RIVES DE LA SEINE,

UNE CARTE DRESSÉE PAR M. O. MACCARTHY

et

70 VIGNETTES DESSINÉES PAR M. E. BRETON,

ET GRAVÉES PAR LES PREMIERS ARTISTES.

> La Seine, dont le voyageur peut parcourir les bords en peu de jours, réveille plus d'idées imposantes et rappelle plus de grands événements, que ce fleuve immense de l'Amérique septentrionale dont le cours embrasse la moitié d'un monde.
> CH. NODIER.

Se vend

SUR LES BATEAUX A VAPEUR;

ET A PARIS,

| AUBERT ET Cie, | LAVIGNE, LIBRAIRE, |
| Galerie Véro-Dodat. | 1, rue du Paon. |

AUX TOURISTES
DES DEUX SEXES!

Aimables lectrices! aimables lecteurs!

Il fuit, le bateau qui vous emporte; et ces deux rives fleuries de la Seine, sur lesquelles la nature a versé tous les trésors de sa corbeille, fuient aussi, avec leurs villes, leurs monuments, leur histoire, leur industrie...

Salut, beau fleuve, grande rue d'une capitale dont Rouen et le Hâvre sont les faubourgs, chemin rapide qui commence à l'Arc-de-Triomphe de l'Étoile et qui finit à l'Océan, route mouvante sur laquelle se croisent chaque jour tant de passions oisives, tant de passions occupées!

A vous, peintres, tous ces délicieux paysages, toutes ces îles, tous ces rochers, tous ces manoirs! A vous, poètes, de suaves inspirations! A vous, historiens, de grands souvenirs! Philosophes, que de tableaux de mœurs à recueillir! Agronomes, admirez donc ce sol si riche et si bien cultivé! Industriels, inclinez-vous devant ces ports heureux que la Seine vivifie, devant ces navires et ces bateaux qui la sillonnent dans tous les sens!

Et, pour fixer vos souvenirs, jetez un coup-d'œil sur ce livre, écrit sans prétention, par un touriste qui s'est assis à la place même où vous vous asseyez, qui a admiré ces rives enchanteresses, qui a éprouvé toutes les émotions que vous éprouvez.

Bon voyage! heureux retour!

DÉPART DE PARIS.

Autrefois les bateaux à vapeur qui font le trajet de Rouen partaient du quai d'Orsay à Paris, et, pour parcourir l'espace de 52,000 mètres qu'il y a jusqu'au Pecq, ou jusqu'à Saint-Germain, ils n'employaient pas moins de quatre heures. C'était un voyage, non-seulement très-long, mais encore tout parsemé d'obstacles, tout hérissé d'écueils. Outre quatorze ponts, sous lesquels il fallait passer et dont les arches étroites présentent de nombreux périls, il y avait encore à se garer du *pertuis de la Morue*, du *resserrement* des îles de Marly, des *baissiers* d'Argenteuil, de Saint-Ouen, de Neuilly, etc. Aujourd'hui une partie de ces écueils a disparu, grâce aux travaux faits à divers ponts, et grâce surtout au barrage mobile que l'ingénieur en chef Poirée a établi au pertuis de la Morue, et qui, dans les basses eaux, permet aux bateaux de prendre le bras de Marly, à l'extrémité duquel il a disposé une écluse. Cet essai a parfaitement réussi, et il est probable que le gouvernement appliquera ce système à toute la partie de la basse Seine jusqu'à Rouen.

Depuis l'établissement du chemin de fer de Paris au Pecq, ce voyage par eau, du quai d'Orsay à Saint-Germain, a été abandonné. On prend le chemin de fer à la rue Saint-Lazare, à Paris; et en vingt-cinq minutes ordinairement on parcourt les 18,430 mètres qui séparent cette capitale du Pecq. Là une belle terrasse borde la rivière, et au pied de la terrasse stationnent les bateaux à vapeur, vomissant des flots de fumée et donnant le signal du départ par le carillon de leurs cloches.

Ce perfectionnement, vous le voyez, abrège de beaucoup la durée totale du voyage; et c'est ainsi que l'industrie des chemins de fer et celle des bateaux à vapeur, sagement combinées, peuvent, loin de se nuire, se rendre réciproquement de bons et fréquents services.

Avant de quitter Paris et d'y laisser nos amis aux soins de Sauval, Lobineau, Félibien, Sainte-Foix, Jaillot, Thierry, Dulaure, Landon, Saint-Victor, Saint-Edme, Léonard et E. de Monglave (1), Touchard-Lafosse, de Gaulle, et

---

(1) *Histoire abrégée de Paris*, chez Téry, libraire au Palais-Royal.

surtout du modeste et savant Teyssèdre, l'auteur du *Conducteur général de l'étranger dans Paris* (1), jetons un regard d'adieu sur cette capitale du monde civilisé, et récapitulons rapidement les indications qui, une autre fois, pourront nous être utiles et qui peuvent servir également à nos amis.

Paris est divisé en douze arrondissements.

Le 1er renferme les quartiers du Roule, des Champs-Élysées, de la place Vendôme et des Tuileries.

Le 2e, ceux de la Chaussée-d'Antin, du Palais-Royal, de Feydeau et du faubourg Montmartre.

Le 3e, ceux du faubourg Poissonnière, de la rue Montmartre, de Saint-Eustache et du Mail.

Le 4e, ceux de Saint-Honoré, du Louvre, des Marchés et de la Banque de France.

Le 5e, ceux du faubourg Saint-Denis, de la Porte-Saint-Martin, de Bonne-Nouvelle et de Montorgueil.

Le 6e, ceux de la Porte-Saint-Denis, de Saint-Martin-des-Champs, des Lombards et du Temple.

Le 7e, ceux de Saint-Avoye, du Mont-de-Piété, du Marché-Saint-Jean et des Arcis.

Le 8e, ceux du Marais, de Popincourt, du faubourg Saint-Antoine et des Quinze-Vingts.

Le 9e, ceux de l'île Saint-Louis, de l'Hôtel-de-Ville, de la Cité et de l'Arsenal.

Le 10e, ceux de la Monnaie, de Saint-Thomas-d'Aquin, des Invalides et du faubourg Saint-Germain.

Le 11e, ceux du Luxembourg, de l'Ecole-de-Médecine, de la Sorbonne et du Palais-de-Justice.

Le 12e, ceux du Jardin-des-Plantes, de l'Observatoire, de Saint-Jacques et de Saint-Marcel.

(1) Chez Téry, libraire au Palais-Royal.

ÉDIFICES, ÉTABLISSEMENTS ET CURIOSITÉS DE CHAQUE ARRONDISSEMENT.

1er *arrondissement.*—Palais et jardin des Tuileries. —Arc-de-Triomphe et place du Carrousel. — Place de la Concorde, Obélisque de Luqsor et Ministère de la marine.—Ministère des finances.—Champs-Elysées. — Arc-de-Triomphe-de-l'Etoile. — Savonnerie.—Ponts d'Iéna, de Grenelle, de Louis XVI ou de la Concorde. —Place Vendôme, Ministère de la justice, et Colonne de la grande armée. — Eglises de Saint-Philippe-du-Roule, de l'Assomption, de la Madelaine; chapelle Beaujon, chapelle expiatoire de Louis XVI. — Collége Bourbon.— Ministère des affaires étrangères. — Elysée-Bourbon.— Hospice Beaujon.

2e *arrondissement.*—Palais-Royal. — Galerie de tableaux du duc d'Orléans et Jardin du Palais-Royal. — Théâtre-Français. — Théâtre du Palais-Royal. — Bibliothèque du Roi. — Palais de la Bourse, Chambre et Tribunal de Commerce. — Théâtre royal de l'Opéra-Comique ou de Favart.—Théâtre Ventadour ou de la Renaissance. — Théâtre des Variétés. — Théâtre du Vaudeville ou de la Bourse.— Passage Choiseul. — Théâtre de M. Comte. — Eglise Saint-Roch.— Eglise Notre-Dame-de-Lorette.—Académie royale de Musique. — Passages des Panoramas et de l'Opéra.

3e *arrondissement*. — Eglise Saint-Eustache. — Eglise des Petits-Pères.—Place des Victoires et statue équestre de Louis XIV.—Passages Colbert et Vivienne. —Conservatoire de Musique.— Théâtre du Gymnase.

4e *arrondissement.*—Le Louvre, façades, cour, galerie, Musées royaux. — Eglise Saint-Germain-l'Auxerrois. — Banque de France. — Halle-au-Blé et Colonne-Observatoire.— Fontaine des Innocents.— Fontaine du Palmier sur la place du Châtelet.

5e *arrondissement.* — Porte Saint-Denis. — Porte

Saint-Martin. — Théâtre de la Porte-Saint-Martin. — Théâtre de l'Ambigu-Comique. — Château-d'Eau du boulevard Bondy. — Eglise Saint-Vincent-de-Paule.

6e *arrondissement.* — Tour de Saint-Jacques-la-Boucherie. — Eglise Saint-Méry. — Eglise St-Nicolas-des-Champs. — Le Temple. — Conservatoire des Arts et Métiers. — Marché Saint-Martin. — Marché du Temple. — Théâtre de la Gaîté. — Théâtre du Cirque-Olympique.

7e *arrondissement.* — Mont-de-Piété. — Archives du Royaume. — Imprimerie royale. — Eglises des Blancs-Manteaux, de Saint-François-d'Assise et des Filles-du-Saint-Sacrement.

8e *arrondissement.* — Place Royale et statue équestre de Louis XIII. — Eglise Sainte-Marguerite. — Hôpital Saint-Louis.

9e *arrondissement.* — Pont-au-Change. — Marché-aux-Fleurs. — Pont Notre-Dame. — Pont Marie. — Pont de la Tournelle. — Pont aux Doubles. — Pont d'Arcole. — Pont de la Cité. — Pont Louis-Philippe. — Pont de l'Archevêché. — Pont de l'Hôtel-Dieu. — Basilique de Notre-Dame. — Hôtel-Dieu. — Hôtel-de-Ville. — Bibliothèque. — Quai Pelletier. — Quai de la Mégisserie. — Place de Grève. — Eglise Saint-Gervais. — Eglise Saint-Louis. — Eglise Saint-Paul. — Collége Charlemagne. — Place et colonne de la Bastille. — Bibliothèque de l'Arsenal. — Greniers d'abondance.

10e *arrondissement.* — Hôtel des Monnaies et monnaies des médailles. — Palais de l'Institut. — Bibliothèque de l'Institut. — Bibliothèque Mazarine. — Abbaye de Saint-Germain-des-Prés. — Hôpital de la Charité. — Palais des Beaux-Arts aux Petits-Augustins. — Fontaine de la rue de Grenelle. — Palais de la Légion-d'Honneur. — Palais du Conseil-d'Etat, sur le quai d'Orsay. — Eglise Saint-Thomas d'Aquin. — Musée d'Artillerie. — Palais de la Chambre des Députés. —

Hôtel-des-Invalides, Esplanade des Invalides. — Ecole militaire. — Champ-de-Mars. — Ministères de l'intérieur, du commerce, des travaux publics, de l'instruction publique, de la guerre. — Dépôt de la guerre. — Ecole royale d'état-major. — Pont suspendu des Invalides. — Pont-Royal. — Pont des Saints-Pères ou du Carrousel. — Pont des Arts.

11e *arrondissement.* — Pont-Neuf. — Statue équestre de Henri IV. — Place Dauphine, Monument à Desaix. — Palais-de-Justice, Salle des Pas-Perdus, Monument de Malesherbes, Sainte-Chapelle. — Pont Saint-Michel. — La Morgue. — Ecole-de-Médecine, Bibliothèque, Amphithéâtre, Musée Dupuytren. — Thermes-de-Julien. — Hôtel de Cluny. — Sorbonne. — Collége de France. — Ecole normale. — Ecole des Mines. — Collége Louis-le-Grand. — Collége Saint-Louis. — Collége Stanislas. — Théâtre de l'Odéon. — Luxembourg, palais de la Chambre des Pairs, galerie des tableaux, Jardin. — Eglise Saint-Sulpice — Séminaire Saint-Sulpice. — Marché Saint-Germain.

12e *arrondissement.* — Panthéon. — Ecole de Droit. — Ecole Polytechnique. — Collége Henri IV, Bibliothèque Sainte-Geneviève. — Eglise Saint-Etienne-du-Mont. — Hôpital militaire du Val-de-Grâce. — Observatoire. — Jardin-des-Plantes, Serres, Ménageries, Galerie de Minéralogie, Bibliothèque. — Manufacture des Gobelins. — Institut royal des Sourds-Muets. — Institution des Jeunes-Aveugles. — Halle-aux-Vins. — Pont d'Austerlitz. — Pont de Bercy. — Hôpital de la Salpétrière. — Catacombes.

Le mur d'octroi qui entoure Paris est percé de 60 portes ou entrées, dont 2 sont aujourd'hui murées. La superficie totale de tous les terrains compris dans cette enceinte est de 54,397,800 mètres carrés, ou 174 lieues carrées, de 25 au degré.

En dehors, on remarque le vaste cimetière de l'Est

ou du Père-Lachaise, celui de Montmartre au pied de la butte, et celui du Mont-Parnasse au faubourg Saint-Germain. On y remarque aussi Bicêtre, le Bois-de-Boulogne, Vincennes, les abattoirs de Montmartre, de Ménilmontant, de Villejuif ou d'Ivry, du Roule ou de Mouceaux, et celui de Grenelle, devenu célèbre par le puits artésien de M. Mulot.

HOTELS GARNIS.

ALPES (HAUTES-), *Steinbach*, rue Richelieu, 12. *Restaurant et bains.*
AMBASSADEURS, *veuve Gilet*, rue Sainte-Anne, 75. *Cabriolets.*
AMBASSADEURS, *Guillet*, rue N.-D.-des-Victoires, 11. *Table d'hôte et cabriolets.*
AMIRAUTÉ, *Mme L. Clarot*, rue Neuve-St-Augustin, 47.
ANGLETERRE, *Courtois-Gault*, rue des Filles-Saint-Thomas, 18. *Table d'hôte.*
ANGLETERRE, *A. Fauve*, rue Jacob, 22.
ANGLETERRE, *Mlle Froger*, rue du Mail, 10.

ARMES DE LA VILLE-DE-PARIS, *Merland*, rue de la Michodière, 9.
ARTS, *Lacombe*, cité Bergère, 7.
BADE, *Dubois*, rue du Helder, 6.
BAILLIF, *Mme Fouché*, rue Baillif, 4.
BAINS, *Mme Fornier*, rue Richelieu, 19.
BATH, *Mme Zenaïs-Franjou*, rue de Rivoli, 52.
BEDFORT, *Lawsons*, rue Saint-Honoré, 323, et rue de Rivoli, 24. *Table d'hôte.*
BELGIQUE, *Hemingson*, rue St-Thomas-du-Louvre, 15.
BELGIQUE ET HANOVRE, *Pourbaix*, rue de Hanovre, 11.
BELLEVUE, *Pelon*, rue de Beaune, 12.
BERGÈRE, *Beurdeley*, rue Bergère, 26.
BON LAFONTAINE, *Barrier*, rue de Grenelle-St-Germain, 16.
BOULOI, *Mme Legrip*, rue du Bouloi, 5.
BOURBON, *Mme Daigniot*, rue de Lille, 26.
BOURBONNE-LES-BAINS, *Mme Prévoté*, r. de l'Université, 14.
BOURGOGNE, *Legrand*, rue Taranne, 23.
BOURSE, *Cadot*, rue N.-D.-des-Victoires, 13.
BRIGHTON, *Lerond*, rue Rivoli, 30 bis.
BRISTOL, *Barthélemy et Gattucci*, place Vendôme, 5.
BRITANNIQUE, *Coustilliot-Tony*, rue Louis-le-Grand, 20. *Restaurant.*
BRITANNIQUE, *Vassas*, rue Duphot, 20.
BRUGES, *Drapeau*, rue Neuve-des-Bons-Enfants, 19.
BRUXELLES, *Fournol*, rue du Mail, 35. *Table d'hôte et restaurant.*
BRUXELLES, *Ladrière*, rue Richelieu, 47.
BYRON, *Mme Jeanet*, rue Laffitte, 20.
CALAIS, *Mme Laper*, rue Neuve des Capucines, 3.
CANTERBURY, *A. Petracchi*, r. de la Paix, 24. *Table d'hôte.*
CASTIGLIONE, *Mme Normand*, rue Castiglione, 10.
CASTILLE, *Renou*, rue Richelieu, 113, et boulevard des Italiens, 5.
CHAUSSÉE D'ANTIN, *Thery*, rue de la Chaussée-d'Antin, 20.
CHOISEUL, *Mme Orban*, rue Saint-Honoré, 353 bis.
CITÉ BERGÈRE, *Marboutin*, cité Bergère, 4.
COLONIES, *Danfray*, rue Richelieu, 107. *Restaurant et table d'hôte.*
CONGRÈS, *Lesieur*, rue de Rivoli, 44.
DANEMARCK, *Mme Bonty*, rue Neuve St-Augustin, 9.
DANUBE, *Pique*, rue Richepance, 7.
DEUX-PAVILLONS, *Vanheumen*, rue de Rivoli, 4. Magnifique hôtel, admirablement situé; bureau pour les bateaux à vapeur du Pecq à Rouen; accélérées conduisant à Maisons-Laffitte les voyageurs qui préfèrent s'y embarquer.
DEUX-PONTS, *Bournot*, rue du Hasard, 7.
DOMAINES, *Pivet*, rue Montmartre, 120.
DOUVRES, *Baudot*, rue de la Paix, 21.

Duc de Clarence, *Achard*, rue de Grenelle-St-Germain, 26. *Restaurant.*
Elysée, *Vibien*, rue de Beaune, 3. *Table d'hôte.*
Empereur Joseph II, *Prévost*, rue de Tournon, 35.
Empereurs, *A. Chertier*, rue de Grenelle-St-Honoré, 22. *Table d'hôte.*
Espagne, *Souin*, rue Richelieu, 61.
Etats-Généraux, *Fournier*, rue Sainte-Anne, 36.
Etats-Unis, *Charpentier*, rue N.-D. des Victoires, 9.
Etrangers, *Degorre*, rue Duphot, 22.
Etrangers, *Mlle Girard*, rue Vivienne, 3. *Restaurant et tab. d'hôte.*
Europe, *Courtois-Gault*, rue Valois, Palais-Royal, 4, cour des Fontaines, 2. *Restaurant et table d'hôte.*
Europe, *Prival*, rue de Richelieu, 109 et 111. *Restaurant, bains.*
Europe, *Yon*, rue de Rivoli, 46.
Europe, *Patin*, rue Notre-Dame-des-Victoires, 12. *Restaurant.*
Favart, *Guérard*, rue Marivaux, 5, place des Italiens.
Flandre et Espagne, *Lemarchand*, rue N.-D. des Victoires, 4.
France et Champagne, *Blin*, rue Montmartre, 134.
France, *Mlle Jacquemart*, rue de Beaune, 5.
France, *Guillot*, rue Laffitte, 23. *Restaurant et table d'hôte.*
France, *Mme Laboissière*, rue St-Thomas-du-Louvre, 32.
Gaules, *Weber*, rue Coq-Héron, 11.
Genève, *Mme Lebègue*, rue Saint-Thomas-du-Louvre, 36.
Hambourg, *veuve Seurat-Laurey*, rue Neuve-des-Bons-Enfants, 15.
Hambourg, *Mme Bernard*, rue Jacob, 50.
Havre, *Chery-Bezy*, rue des Vieux-Augustins, 45.
Havre, *Andrieux*, rue Croix-des-Petits-Champs, 29.
Helder, *Regniard*, rue du Helder, 9.
Hollande, *Chaumeron*, rue Neuve-des-Bons-Enfants, 31.
Hollande, *Mme Erhard*, rue de la Paix, 16.
Hollande, *Hubschmann*, rue Richelieu, 45 bis.
Intérieur, *Malard*, rue Neuve-Saint-Augustin, 51.
Italie, *Mme Doulx*, place des Italiens, 1.
Joinville, *Paques*, rue des Fossés-Montmartre, 22.
Jussienne, *Delinotte*, rue Montmartre, 53.
Lancastre, *Tremblay*, rue du Helder, 18.
Levant, *Redon*, rue Croix-des-Petits-Champs, 31.
Lille, *Mme Godefroy*, rue de Lille, 5.
Lille et Albion, *Lebas*, rue Saint-Thomas-du-Louvre, 40.
Londres, *Mme Léon*, rue de la Bourse, 7.
Londres, *Monvoisin*, rue du Bouloi, 16. *Café et restaurant.*
Londres, *Lemarchand*, place Vendôme, 10.

LOUISIANE, *Belhomme*, rue Jacob, 25.
LYON, *Mérimée*, rue des Filles-Saint-Thomas, 20.
LYON, *Chartier*, rue de Grenelle-Saint-Honoré, 9.
MAIL, *Lequeu*, rue du Mail, 23. *Bains.*
MALTE, *Mme Philippe*, rue Richelieu, 65.
MANCHE, *Mme Dramard*, rue Louis-le-Grand, 22.
MANCHESTER, *Vezard*, rue de Grammont, 1.
MARINE-ROYALE, *Coudray*, rue Croix-des-Petits-Champs, 50. *Restaurant et table d'hôte.*
MARINE, *Mme La Blanchetais*, rue Gaillon, 23.
MATHURINS, *Durand*, rue Neuve-des-Mathurins, 9.
MAYENNE, *Mme Charlet*, rue Duphot, 6.
MECKLENBOURG, *Mme Vivien*, rue Lafitte, 38.
MESSAGERIES-ROYALES, *Angot*, rue Saint-Pierre-Montmartre, 7.
MESSAGERIES-GÉNÉRALES, *Demallerais*, rue de Grenelle-St-Honoré, 20.
METZ, *Mme Guérin*, rue du Mail, 22. *Table d'hôte.*
MEURICE, *Cailliez*, rue de Rivoli, 42.
MICHODIÈRE, *veuve Vanderbeau*, rue de la Michodière, 7.
MINISTRES, *Jarland*, rue de l'Université, 36. *Cabinet de lecture et table d'hôte.*
MIRABEAU, *Mlle Cousin*, rue de la Paix, 6. *Restaurant, tab. d'hôte.*
MODÈNE, *Mme Guillaume*, rue Jacob, 44.
MONTESQUIEU, *Constantin*, rue Montesquieu, 5.
MONTMORENCY, *Mme Barbaud*, boulevard des Italiens, 20 bis. *Restaurant.*
NANTES, *Bihorel*, place du Carrousel, 1, en face des Tuileries.
NANTES, *Petit*, rue des Bons-Enfants, 22. *Café-restaurant.*
NANTES, *Mme Blanchet*, rue Neuve-des-Petits-Champs, 78.
NELSON, *Boussard*, rue Lepelletier, 11.
NEMOURS, *Mme Lecointe*, rue de Provence, 51.
NEUSTRIE, *Petit*, rue du Port-Mahon, 9 et 11.
NORMANDIE, *Dugon et Piqueron*, rue Saint-Honoré, 240. *Table d'hôte, bains, cabriolets.*
ORLÉANS, *veuve Fossé-Donvillé*, rue Richelieu, 17. *Restaur.*
OUEST, *Sage aîné*, rue des Saints-Pères, 67.
PAIX, *Fradin*, rue de la Paix, 28.
PALAIS-DES-DÉPUTÉS, *Robert de Prunay*, r de Bourgogne, 7.
PANORAMA, *Cristol*, boulevard Montmartre, 1.
PARIS, *Michel*, rue Richelieu, 111. *Restaurant, table d'hôte, bains.*
PAS-DE-CALAIS, *Prévost*, rue des Saints-Pères, 63.
PAVILLON-DE-HANOVRE, *Mme Dubois*, rue Louis-le-Grand, 30.
PÉRIGORD, *Mme Paul*, rue de Valois des Tuileries, 4. *Table d'hôte.*

PETITS - CHAMPS, *Mme Mazerot*, rue Croix - des - Petits-Champs, 11.
PIÉMONT, *Serpeille*, rue Richelieu, 22.
PLACE-DE-L'ODÉON, *Jachet*, place de l'Odéon, 6.
PLAT-D'ÉTAIN, *Garnier*, rue Saint-Martin, 256.
PONIATOWSKI, *Nériot et Trappier*, rue de Cléry, 26.
PORTUGAL, *Inemer*, rue du Mail, 8.
PRINCES, *Privat*, rue Richelieu, 109 et 111. *Restaurant et bains.*
PRUSSE, *Mme Goupil*, rue Pinon, 20.
QUATRE-FILS-D'AYMON, *Archambault*, rue de Grenelle-Saint-Honoré, 38.
RASTADT, *Cecchi-Oudinot*, rue Neuve-St-Augustin, 36.
RHIN, *Henri Martin*, place Vendôme, 4. *Restaurant.*
RHIN-ET-LONDRES, *Mme Bauliers*, rue Croix-des-Petits-Champs, 22.
RHÔNE, *Hébert*, rue Christine, 10.
RHÔNE, *Bourgouin*, rue du Bouloi, 21.
RICHELIEU, *Gilbert*, rue Neuve-St-Augustin, 54.
RICHELIEU, *Mme Godefroy Petit*, rue Marivaux, 9. *Table d'hôte.*
ROUEN, *Lambert*, rue Notre-Dame-des-Victoires, 18.
ROUEN, *Dauphin*, rue de Grenelle-Saint-Honoré, 31.
SAINT-GERMAIN, *Tenaillon*, rue Saint-Germain-des-Prés, 8.
SAINT-JAMES, *Martin*, rue Saint-Honoré, 366. *Restaurant.*
SAINT-PHAR, *Vachette*, boulevard Poissonnière, 20.
SAINT-SULPICE, *Mme Lebrun*, place Saint-Sulpice, 4. *Table d'hôte pour le clergé.*
SAVOIE, *Beaucher*, rue de Grenelle-Saint-Germain, 54.
SAXE, *Payrol*, rue Jacob, 12.
SEPT-FRÈRES-MAÇONS, *Violle*, rue de Grenelle-St-Honoré, 8. *Table d'hôte, cabriolets et coupés.*
PINET, *Rougel*, rue du faubourg Saint-Honoré, 52 et 54.
STRASBOURG, *Gimet*, rue Richelieu, 50.
STRASBOURG, *Nicod*, rue Notre-Dame-des-Victoires, 6.
SUÈDE, *veuve Fleurot*, rue de Bouloi, 3. *Table d'hôte et restaurant.*
SULLY, *Lachanal*, rue du Mail, 14. *Table d'hôte.*
TERRASSE, *Mme Lemoine*, rue de Rivoli, 50.
TIBRE, *veuve Antier*, rue du Helder, 8.
TOURAINE, *Mme Durand*, rue de Bourgogne, 43.
TOURS, *Allats*, rue N.-D.-des-Victoires, 32. *Bains, café, restaurant.*
TRONCHET, rue Tronchet, 21.
TUILERIES, *Demoraes*, rue de Rivoli, 6.
UNIVERSITÉ, *Boteldieu*, rue de l'Université, 22.
VALOIS, *veuve Levaillant*, rue de Richelieu, 74.
VENDÔME, *Gourd*, rue Neuve-des-Petits-Champs, 82.

VENTADOUR, *Mérimée*, rue Ventadour, 7. *Restaurant et table d'hôte.*
VERNEUIL, *Mlle Lucas*, rue de Verneuil, 25.
VICTOIRES, *Malhome*, rue des Fossés-Montmartre, 9.
VIVIENNE, *Aussandon*, rue Vivienne, 14. *Table d'hôte.*
VOLTAIRE, *Mlle Simonnet*, rue de Lille, 45.
VOLTAIRE, *veuve Proert*, quai Voltaire, 17.
WAGRAM, *Jules Boullée*, rue de Rivoli, 28.
WALTER-SCOTT, *Mlle Letony*, rue Joquelet, 41. *Table d'hôte.*
WESTMINSTER, *Barthélemy*, rue de la Paix, 9.
WINDSOR, *Basta*, rue de Rivoli, 38.

RESTAURANTS.

Angilbert, boulevard des Italiens, 16.
Bancelin, boulevard du Temple, 25. *Au Cadran bleu.*
Biffi, rue Richelieu, 98. *Cuisine italienne.*
Billard, rue des Pyramides, 2. *Restaurant anglais, dîners à la carte et à 1 fr. 25 c. par tête.*
Blin, rue Vivienne, 2, et passage Colbert, 11 et 13. *Restaurant Colbert.*
Borel, Palais-Royal, galerie de Valois, 105.
Borrel, rue Montorgueil, 61, et rue Mandar, 2. *Au Rocher de Cancale.*
Broggi, rue Lepelletier, 17. *Cuisine italienne.*
Bruand, place du Châtelet. *A l'ancien Veau qui tête.*
Byron, rue Favart, 2. *Hôtel garni, table d'hôte, restaurant anglais.*
Carême, rue de la Paix, 21. *Pâtisserie.*
Champeaux, place de la Bourse, rue des Filles-Saint-Thomas, 13.
Chéron, Palais-Royal, galerie Montpensier, 29. *Déjeuner à 1 fr. 50 c., dîners à 2 fr.*

Collot, Palais-Royal, galerie de la Rotonde, 99. *Aux Frères-Provençaux.*
Dagnaux, rue de l'Ancienne-Comédie, 8.
Deffieux, boulevard du Temple, 90.
Denis, quai Jemmapes, 144. *Aux Vendanges de Bourgogne.*
Désormes, Palais-Royal, galerie Montpensier, 65, 66, 67. *Restaurant du Périgord.*
Halavant, Palais-Royal, galerie Montpensier, 23.
Hamel, successeur de Véfour, Palais-Royal, galerie de la Rotonde, 28. *Au café de Chartres.*
Hurbain, Palais-Royal, galerie Montpensier, 53. *Restaurant de Londres.*
Julien, rue de l'Université, 25.
Julien, rue d'Enfer, 23.
Lahogue, rue Taranne, 7.
Legram, boulevard du Temple, 28.
Lemardelay, rue Richelieu, 100.
Lemoine, rue des Filles-Saint-Thomas, 1 bis, place de la Bourse.
Meunier-Véry, Palais-Royal, galerie de la Rotonde, 83.
Morel, Palais-Royal, galerie Valois, 129. *Taverne anglaise.*
Parly fils, rue Saint-Thomas-du-Louvre, 19.
Pestel, rue Saint-Honoré, 248.
Pétron, boulevard Montmartre, 1.
Philippe, rue Montorgueil, 80.
Pinson, rue de l'Ancienne-Comédie, 18.
Renault, boulevard des Italiens, 13. *Au café anglais.*
Richard, Palais-Royal, galerie de Valois, 137. *Excellent restaurant économique.*

Richard, r. Vivienne, 36.
Richefeu, Palais-Royal, galerie de Valois, 167.
Risbec, place de l'Odéon, 2.
Tavernier, Palais-Royal, galerie de Valois, 142 à 145.
Thuillier et Allez, rue de Rivoli, 18. *Poissonnerie anglaise.*
Vautier, rue Valois-Palais-Royal, 6. *Au Bœuf à la mode, cuisine provençale et espagnole.*

CAFÉS.

Brossard, rue de l'Ancienne-Comédie, 13. *Café Procope.*
Chalon, boulevard Montmartre, 8. *Grand estaminet de Paris.*
Daumesnil, rue de la Paix, 13.
Delanoue, quai Conti, 1. *Café Conti.*
Delavigne, Palais-Royal, galerie de la Rotonde, 82. *Estaminet de l'Univers.*
Devaux, place de l'Ecole, 1. *Café Manoury.*
Douix, boulevard des Italiens, 2.
Douix, Palais-Royal, gal. Montpensier, 10. *Café Corazza.*
Durand, place de la Madeleine, 2. *Café de Londres.*
Durand fils, boulevard Montmartre, 7. *Café des Variétés.*
Durand, faubourg Poissonnière, 1.
Esnault, place de la Bourse, 29. *Café du Vaudeville.*
Gilbert, rue Richelieu, 8. *Café Minerve.*
Girardin, boulevard des Italiens, 14. *Café Tortoni.*
Guillemot, Palais-Royal, galerie Montpensier, 36. *Estaminet des Mille-Colonnes.*
Hamel aîné, Palais-Royal, galerie de la Rotonde, 82. *Café de Chartres.*
Jaillet, boulevard des Italiens, 11. *Estaminet du Grand-Balcon.*
Jarry et Laperrière, Palais-Royal, galerie Montpensier, 50. *Estaminet hollandais.*
Jeanne, Palais-Royal, galerie de la Rotonde, 100 et 101. *Café Lemblin.*
Jeanne, Palais-Royal, galerie Valois, 170. *Café Valois.*
Julien, rue de l'Université, 25. *Café Desmares.*
Legros, boulevard Bonne-Nouvelle, 26. *Café-spectacle.*
Lelièvre, boulevard Saint-Martin, 2. *Café de l'Ambigu.*
Manteaux, carrefour de l'Odéon, 2.
Mascré, rue du Mail, 38. *Café du Mail.*
Murlot, Palais-Royal, galerie de la Rotonde, 89. *Café du Caveau et de la Rotonde.*
Nibaut, rue de la Chaussée-d'Antin, 2. *Café de Foy.*
Percheron, rue du Petit-Reposoir, 6. *Café de la Banque de France.*
Poirée et Blanche, rue Saint-Dominique-St-Germain, 12. *A la Reine blanche.*
Questel, Palais-Royal, galerie Montpensier, 59. *Café de Foy.*
Quets, rue Neuve-Saint-Augustin, 17, et gal. Choiseull, 92.
Remlinger, place de la Bourse, 31. *Café de la Bourse.*
Ronquier, place de l'Odéon, 1. *Café Voltaire.*
Royer, boulevard Montmartre, 1.
Troussel, boulevard du Temple, 29. *Jardin turc.*

Vielle, place du Palais-Royal, 243. *Café de la Régence.*
Virin, carrefour de l'Odéon, 18.

BAINS.

Bemelmans, rue des Beaux-Arts, 3 bis.
Blanchard, rue de la Victoire, 36.
Cabanes, rue Taranne, 12.
Caillot, rue Saint-Denis, 277. *Bains St-Sauveur.*

David, boulevard des Italiens, 25. *Bains chinois.*
Félix, rue du Temple, 94. *Bains turcs.*
Gerfaud – Ducray, rue Croix-des-Petits-Champs, 37. *Bains St-Paul.*
Huet, rue Montmartre, 133.
Kerel, rue Richelieu, 63.
Lagrous, rue de Crussol, 21.
Magnier, Palais-Royal, galerie de la Rotonde, 92.

Bains de Tivoli, rue Saint-Lazare, 102.
Néothermes, rue de la Victoire, 48.
Bains Louvois, rue de Louvois, 2.
Bains Ventadour, rue N.-des-Petits-Champs, 48.

Librairie des étrangers, Anglais et Américains, salons littéraires, abonnements de lecture, *un des plus beaux établissements de l'Europe,* rue Neuve-Saint-Augustin, 55.

Théâtres de Paris. — Prix des Places.

DÉSIGNATION des PLACES	Opéra	Français	Opéra-Comique	Ventadour	Italiens (l'Odéon)	Vaudeville	Gymnase	Variétés	Pal.-Royal	Porte St-Martin	Gaité	Ambigu	Franconi	Porte St-Antoine	Comte
NOMBRE DE PLACES	1937	1522	1500	2000	1628	1300	1082	1245	930	1803	1254	1800	1800	1226	—
Balcon	7 50	6 60	6 50	—	10	5	5	—	—	—	—	5	—	—	—
Avant-scène	—	—	6 50	6	10	5	5	5	—	6	5	5	4	3	5
Stalles	9	—	6 50	—	10	5	5	5	4	6	4 50	4	4 50	3	3
Loges de prem. galerie	10	6 60	6 50	4	10	5	5	5	—	6	3 50	4	4	—	3
Premières loges	9	6 60	6	—	10	5	5	5	—	6	3	4	4	3	3
Loges grillées	—	6	—	—	—	—	—	—	—	—	—	—	—	—	—
Premières grillées	—	6 60	6	—	—	—	—	—	—	—	—	—	—	—	—
Amphithéâtre des prem.	7 50	—	5 50	3	7 50	—	—	3 50	3	5	—	3	—	—	—
Orchestre	7 50	—	4	—	10	—	4	5	4	5	2	3	4	—	2
Rez-de-chaussée	—	—	—	2	—	—	—	—	—	—	—	—	—	—	—
Baignoires	6	6 60	5 50	3	7 50	5	4	3 50	—	5	2 50	3	—	3	—
Deuxièm. loges grillées	—	—	3	—	—	—	—	—	—	—	—	—	—	—	—
Deuxièmes loges de face	7	—	4	2 50	—	3 50	2 25	3 50	3	5	2	2 50	2	1 50	2
Deuxièmes de côté	6	3 50	4	2	6	4	1 75	3 50	2	2 50	—	2	—	—	—
Première galerie	—	4	6 50	3	7 50	5	2 75	3 50	3	2	2	3	—	—	—
Troisièmes de face	7 50	2 60	3	2	6	3 50	1 25	2 50	2	2 50	2 50	2	2	1 50	2
Troisièmes de côté	5	—	—	3	5	—	2 25	—	—	—	—	—	—	—	—
Deuxième galerie	3 30	1 50	2	1 25	6	—	1	2	1 50	1	1 50	1 50	—	1 50	—
Troisièmes loges	—	—	1 75	—	4	1	—	1 25	—	1	75	1 50	—	—	—
Quatrièmes loges	—	—	1 50	75	—	—	—	—	—	—	1 25	—	80	—	—
Troisième galerie	3 60	2 20	2 50	1 50	3 60	—	—	—	—	—	50	—	—	—	—
Parterre	3	1	1 25	75	2	1 50	1 25	2	1 25	1 50 60	1	1 50	60	50	1
Amphithéâtre	2 30	—	—	—	—	—	—	—	—	—	—	—	—	—	—

POSTES.

Administration générale. — Poste aux lettres, rues Jean-Jacques-Rousseau et Coq-Héron.

Bureaux d'arrondissements.

- A, rue Saint-Honoré, 12.
- B, rue Saint-Louis, 13, au Marais.
- C, rue du Grand-Chantier, 5.
- D, rue de l'Echiquier, 23.
- E, rue de Sèze, 24.
- F, rue de Beaune, 2.
- G, rue Saint-André-des-Arts, 61.
- H, rue des Fossés-St-Victor, 35.
- I, place de la Bourse, 4.

Bureau de la maison du roi, place du Palais-Royal, 243.

Bureau de la chambre des pairs, rue de Vaugirard, 19.
— — des députés, au Palais-Bourbon.

POSTE AUX CHEVAUX.

Rue Pigale, 12. Bureau ouvert jour et nuit, rue de la Tour-des-Dames.

MALLE-POSTES.

Rue Jean-Jacques-Rousseau et rue Coq-Héron.

MESSAGERIES.

Messageries royales, rue Notre-Dame-des-Victoires, 22.
Messageries générales, Lafitte-Caillard, rue Saint-Honoré, 130, rue de Grenelle-Saint-Honoré, et rue d'Orléans-Saint-Honoré.

Messageries-Jumelles, rue du Bouloi, 7 et 9.
Messageries Touchard, faubourg Saint-Denis, 50.

CHEMIN DE FER DE PARIS A SAINT-GERMAIN,
ET VICE VERSA,
Point de départ, rue St-Lazare, 120 (Chaussée-d'An...

N. B. Aussitôt que le service des bateaux à vapeur du Pecq ou de Saint-... main à Rouen, et *vice versâ*, commence, et jusqu'à la fin de la saison... premier départ a lieu à 7 h. du matin et le dernier à 10 h. du soir, so... Paris, soit à Saint-Germain. Les dimanches et fêtes les départs se succè... pendant la belle saison, de demi-heure en demi-heure.

DÉPARTS DE PARIS.	DÉPARTS DE SAINT-GERM...
8h10 *Stat.* Asnières, Nanterre, Chatou.	8 h. *Stat.* Chatou, Nanterre, Asni...
9.10 Id. Id.	9.15 Id. Id.
10.10 Id. Id.	10.50 — Trajet direct.
11-10 — Trajet direct.	11.50 *Stat.* Chatou, Nanterre, Asni...
12.10 *Stat.* Asnières, Nanterre, Chatou.	12.50 — Trajet direct.
1.10 — Trajet direct.	1.50 *Stat.* Chatou, Nanterre, Asni...
2.10 *Stat.* Asnières, Nanterre, Chatou.	2.50 — Trajet direct.
3.10 — Trajet direct.	3.50 *Stat.* Chatou, Nanterre, Asni...
4.10 *Stat.* Asnières, Nanterre, Chatou.	4.50 — Trajet direct.
5.10 Id. Id.	5.50 *Stat.* Chatou, Nanterre, Asni...
6.20 Id. Id.	6.50 Id. Id.
7.40 Id. Id.	7.50 Id. Id.
9.10 Id. Id.	9 Id. Id.

TARIF.

	LA SEMAINE.			LES DIMANCHES ET FÊTES.		
	Wag.	Dilig.	Coup.	Wag.	Dilig.	C...
De Paris à Saint-Germain........	1 25	1 50	2 »	1 50	1 75	2
Dép. de St-Germ. jusqu'à 1 h. 50 m.	1 »	1 25	1 50	1 »	1 25	1
De Paris à Chatou...............	» 70	» 85	» »	1 »	1 25	
— Nanterre...............	» 60	» 80	» »	» 85	1 »	
— Asnières...............	» 35	» 45	» »	» 45	» 70	
De Chatou à Saint-Germain.....	» 40	» 45	» »	» 45	» 70	
Trajet entre deux autres stations...	» 00	» »	» »	» 60	1 »	

Correspondance à Asnières.

De Versailles à Saint-Germain et réciproquement . . . . . . Wag. 1 50, dil. 2
D'une station de Versailles à Saint-Germain, ou d'une station de Saint-Germain à Versailles . . . . — 1 25, —
D'une station de Saint-Germain à une station de Versailles. — 1 —

Transports de chevaux, voitures, etc.

Un cheval, 2 fr. 50. — Un cabriolet, 6 fr. — Une voiture à 4 roues, 10 fr. — ... voiture publique, 20 fr., et par abonnement, 16 fr.

Transport des bagages, messagerie, etc.

A raison de UN CENTIME par KILOGRAMME. Les prix s'établissent par fr... tions de 5 kilos, en ajoutant 35 cent. par envoi pour la distribution à domici...

Voitures omnibus à 15 centimes.

Correspondant avec le départ et l'arrivée de tous les convois.

BUREAUX DANS PARIS :
Place du Carrousel. Au coin de la rue de Chartres.
Bourse. Cour des Messageries royales, rue Montmartre.
Porte-Saint-Denis. Boulevard Saint-Denis, 18, cité d'Orléans.
Pont-Neuf. Rue Dauphine, 26, près de la rue d'Anjou-Dauphine.
Bureau central de dépôt des bagages. Rue Saint-Nicolas, 1, et aux Bure... d'omnibus de la compagnie.

Les tableaux qui précèdent vous ont indiqué les moyens de vous rendre de votre domicile de Paris (dans quelque quartier qu'il soit), à l'embarcadère, ou au point de départ du chemin de fer, rue Saint-Lazare, 120, local à proximité de tous les riches quartiers de la capitale, et où s'élèvera incessamment une somptueuse galerie qui aboutira aux salles d'attente. Munissez-vous d'un bulletin, jetez les yeux sur le chemin de fer, et attendez patiemment le moment du départ : ce ne sera pas long.

Bon Dieu ! que nous sommes loin de cette

époque où Henri IV, sequestré par le mauvais temps dans je ne sais plus quelle demeure royale (à Saint-Germain peut-être où nous allons), écrivait à Sully qui, comme vous savez, logeait à l'Arsenal : « Excuse-moi, mon cher Rosny, si je ne te vay pas voir moy-mesme ; mais ma femme se sert de mon coche aujourd'hui ! » Ainsi un seul coche pour le roi et la reine de France ! et obligation d'alterner entre eux les jours de s'en servir !

Quelle distance de là aux *omnibus*, ces villes roulantes, dont la population se renouvelle sans cesse et où tous les rangs sont confondus ! Mais quelle distance surtout de l'omnibus à la locomotive lancée sur le chemin de fer ! Quelle distance du coursier délicat, dont la santé est si frêle, au rude cheval qui se nourrit de houille, au cheval, tout de bois et de fer, cheval plus merveilleux et surtout plus agile que celui de Troie ! Entendez-le ronger son frein en mugissant ; voyez l'haleine de ses poumons ardents qui s'élève dans les airs (1).

Ce fut le 26 août 1837 que le chemin de fer de Paris à Saint-Germain, concédé par une loi du 9 juillet 1837, fut ouvert sur une seule voie. Ce jour-là même, la reine, accompagnée de

(1) *St-Germain par le chemin de fer*, par Auguste Vallet. Chez Bohaire, boulevard des Italiens, 10.

LL. AA. RR., daigna en faire l'inauguration. L'exemple donné par S. M. et par sa famille a prévenu les craintes que pouvait faire naître un mode de transport si nouveau parmi nous. Il a inspiré à la population une juste confiance.

La fanfare a retenti ; la machine s'ébranle ; le train tout entier, avec sa série de wagons, précédés de la locomotive, semble ne former qu'un seul corps, un animal gigantesque, aux proportions effrayantes. Chaque wagon est comme un anneau du prodigieux reptile. La locomotive, voilà sa tête, à la mâchoire de fonte, au crâne de fer, surmontée d'un panache de vapeur qui s'exhale de ses naseaux brûlants.

Sentez d'abord ce mouvement modéré qui se concentre, cette allure hardie, mais captive, puis cette force terrible, fougueuse, qui s'élance tout en subissant le frein de la volonté humaine qui la maîtrise. Le monstre esclave frémit de rage, et rugit sourdement sous la main qui le bâillonne. Mais l'étreinte qui l'oppresse est devenue moins tyrannique ; chaque pas accroît sa vitesse. Le mouvement qui l'anime part de sa tête en feu, et circule d'anneaux en anneaux jusqu'à ses extrémités. L'agitation gagne ses vastes flancs qui engloutissent une population entière. Des pulsations accélérées se manifestent par des battements plus actifs. D'ardentes expirations accusent une périodicité plus fréquente. Le souffle du monstre, qui jaillit encore en jets tumultueux, commence pourtant à s'échapper plus à l'aise.

Hourra! hourra! le voilà qui a rompu son dernier lien, le voilà qui s'abandonne à toute sa vitesse. L'espace lui est livré; il l'envahit, il le dévore : plus de heurts! plus de cahots! L'équilibre est parfait; tous les mouvements de détail sont confondus et absorbés par la grande force motrice. C'est à peine si un léger frémissement, semblable au courant galvanique, circule dans ses replis et se communique au voyageur. On n'entend que le craquement du terrain qui fuit sous le monstre vainqueur, et le râle brûlant et saccadé qui s'échappe de sa gueule haletante.

Hourra! hourra! quelle émotion saisissante! Comme l'homme est électrisé! comme tout son être s'identifie au fantastique coursier qui l'emporte! Comme des deux côtés le rivage file et disparaît à ses yeux éblouis! Les brins d'herbe qui bordent la grande route passent moins vite aux regards du cavalier qui galope que les arbres du paysage aux yeux du voyageur qu'entraîne le wagon. Passez, vallons! Passez, collines! Plaines, chaumières, buissons, prairies, terre, fuyez, fuyez!

Hourra ! hourra ! Rien n'arrête, rien ne ralentit sa marche impétueuse. Ici une rivière se présente... Un pont léger, jeté tout exprès pour lui, est franchi en un bond, les deux rives se rejoignent... Là, c'est une montagne... pour lui elle a été percée de part en part... il s'engouffre avec fracas dans l'ombre du souterrain, noircit de son souffle les parois cintrées qui l'enveloppent, glisse à travers les entrailles de la terre, et presque aussitôt reparaît, de l'autre côté, à ciel ouvert, pour poursuivre sa course infatigable.

Rampe encore, gigantesque serpent, rampe sur le sol que tu sillonnes avec la rapidité de la foudre ! Mais hâte-toi ! Bientôt, comme un coursier qui flaire le terme du voyage, il te faudra modérer ton ardeur au seuil de ta destination... Allons ! allons ! nous n'en sommes qu'à quelques secondes... nous en approchons de plus en plus... tu ralentis ta course... nous touchons au terme du voyage... tu t'arrêtes à la gare du Pecq, au pied de Saint-Germain : nous avons fait cinq lieues en vingt-cinq minutes.

Et maintenant, avec le jeune et savant ami (1) qui a jalonné la route que nous venons de parcourir, adressons publiquement nos sincères

(1) *Ibidem.*

félicitations aux administrateurs du chemin de fer pour la manière libérale et grandiose avec laquelle ils ont initié la capitale de la France à ce mode merveilleux de transport. Honneur à M. Émile Pereire ! à lui la gloire d'avoir attaché à Paris le premier anneau de ces chaînes sans nombre qui doivent unir entre elles toutes les villes de notre patrie, toutes les grandes cités du monde peut-être, immense réseau, fluide électrique, qui doit révéler à l'humanité les bienfaits d'une vie nouvelle.

Le développement du chemin de fer, depuis le point de départ jusqu'au point d'arrivée est de 18,430 mètres, un peu plus de quatre lieues et demie de poste. La différence de niveau des deux extrémités de la ligne est de 8 mètres 71 centimètres. Il passe d'abord sous la place de l'Europe par un souterrain de 264 mètres; se déroule en tranchée jusqu'à l'aqueduc de ceinture voisin du mur d'octroi; là, parcourt un nouveau souterrain qui le conduit au-delà de la rue de la Paix, aux Batignolles, par dessous les boulevards extérieurs, les rues des Dames et de la Paix ; rentre en tranchée à 20 mètres de cette rue; traverse celles de Saint-Charles et d'Orléans, sous des ponts construits à niveau de ces rues ; et le prolongement de la rue Cardinet sous un autre pont sur lequel passe le chemin de Mouceaux à Clichy ; arrive enfin en ligne droite, par remblais, jusqu'à la Seine, à 120 mètres en amont du pont d'Asnières. Là il passe le fleuve sur un pont de cinq arches de 30 mètres chacune.

L'alignement, parti des Batignolles, a, dans la commune d'Asnières, un développement de 500 mètres environ, suivi d'une courbe de 2,365 de développement, laquelle s'étend jusqu'au milieu de la garenne de Colombe. Là commence un nouvel alignement qui se prolonge jusqu'à Rueil, en traversant la commune de Nanterre, où il y a une gare. Une courbe de même rayon que la précédente raccorde cet alignement avec celui que nous rencontrerons dans le bois du Vésinet, au-delà de Croissy et de Chatou. Elle rencontre deux bras de la Seine, formés par l'île du Chiard, et les traverse sur deux ponts, dont le premier a trois arches de 28 mètres chacune, et le second, trois arches de 30 mètres.

L'alignement qui part du bois du Vésinet se prolonge jusqu'au Pecq, où, sur la gauche du pont, on trouve une gare monumentale, digne de l'embarcadère de Paris, pour le départ et l'arrivée des voyageurs, avec un hôtel, un restaurant et un café.

Les grandes courbes des Batignolles, de Colombe et de Nanterre, qui sont de niveau, ont toutes trois 2,000 mètres de rayon. Les alignements des Batignolles à Asnières, de Colombe à Rueil et du bois du Vésinet au Pecq, ont tous trois une pente de 1 millimètre par mètre. Les ingénieurs ont voulu que l'effort de traction nécessaire pour gravir ces pentes fût égal à celui qu'il faut pour parcourir ces rayons, de niveau, égalité de traction qui n'existe toutefois que dans le trajet de Paris à Saint-Germain, la force nécessaire pour remonter de Saint-Germain à Paris devant être beaucoup plus considérable, vu la différence de hauteur des deux extrémités de la ligne.

Les besoins de la localité, la nécessité d'amortir la rapidité des locomotives à l'entrée de Paris, y ont fait descendre le rayon des courbes à 900 et 800 mètres.

Nous avons dit que la distance de Paris au Pecq par le chemin de fer est de 18,430 mètres. Voici comme cette distance se subdivise :

   920 de Paris aux Batignolles, rue de la Paix.
 3,213   —   à Clichy, rue de Neuilly.
 4,549   —   à Asnières, rue de Courbevoie.
 6,904   —   à Colombe, route de Bezon.
11,526   —   à Nanterre, rue du Collége.
13,661   —   à Rueil, chemin de Chatou.
14,837   —   à Chatou, Chemin-Vert.
18,430   —   au Pecq.

Le chemin a 4 voies dans Paris et aux Batignolles, 3 dans Clichy et Asnières jusqu'à la route d'Asnières à Courbevoie, 2 depuis cette route jusqu'au Pecq. Largeurs de la voie, 1 mètre 50 centim.; de l'entrevoie, 1,80; de chacun des bords, 1,54.

Le souterrain des Batignolles a deux galeries de chacune deux voies. Largeur de chaque galerie, 7 mètres 40 centim.; hauteur, 6; longueur, 328,70.

Le chemin traverse la Seine sur trois ponts, et les routes et chemins sur quinze. Le pont d'Asnières a 12 mètres 65 cent. et 3 voies; les ponts de Rueil et de Chatou 2 voies.

Des 15 ponts passant sur routes et chemins, il y en a 3 aux Batignolles, 3 à Clichy, 2 à Asnières, 3 à Colombe, 3 à Nanterre, 2 à Rueil.

Avant l'établissement du chemin de fer, le nombre des voyageurs circulant entre Paris et Saint-Germain était de :

320,000 chaque année par les voitures accélérées de St-Germain.
30,000 — par les voitures de Poissy.
50,000 — par les voitures particulières, les coucous, les tapissières, etc.

Total. 400,000 voyageurs.

L'exploitation du chemin de fer, construit en deux ans, a eu pour résultat, dans l'année 1839, un transport de 1,302,486 voyageurs, et une recette de 1,211,425 fr. 75 cent. Les dépenses totales d'exploitation se sont élevées à 616,031 fr. 25 cent. Les produits nets ont par conséquent été de 595,394 fr. 50 cent.

Le nombre total des voyageurs par le chemin de fer avait été, en 1838, de 1,265,139. Il s'est accru, en 1839, de 37,347.

Depuis que le chemin de fer a perdu pour le public l'attrait de la nouveauté, on a constaté que les voyages de promenades avaient diminué, tandis que ceux qui résultent d'habitudes prises ou de relations d'affaires ont notablement augmenté. Ainsi le nombre des voyageurs pour Saint-Germain a décru, en 1839, de 97,783, tandis que la circulation pour les stations intermédiaires, qui n'avaient donné que 155,668 voyageurs en 1838, en a produit 290,798 en 1839, c'est-à-dire 135,130 de plus que dans la première année.

La circulation totale du chemin, pendant les dimanches de 1838, avait présenté le chiffre de 349,825 voyageurs, et celle des six autres jours de la semaine, dans le cours de la même année, celui de 915,314.

En 1839, il y a eu diminution de 21,512

voyageurs, les dimanches, et augmentation de 58,859 les autres jours de la semaine. Ainsi les dimanches ont donné 328,313 voyageurs, et les autres jours 974,173.

Lieux remarquables qui bordent le chemin de fer.

Et maintenant jetons un regard sur les lieux remarquables qui bordent le chemin de fer depuis Paris jusqu'au Pecq.

1. BATIGNOLLES (RIVE DROITE).

Département de la Seine. — Arrondissement de Saint-Denis. — Canton de Neuilly. — Population, 12,000 âmes.

Ce village, qui date à peine de quinze à seize années, est construit immédiatement au sortir de la barrière de Clichy, où la deuxième légion de la garde nationale parisienne s'immortalisa en 1814, en défendant la capitale contre les armées coalisées. Là s'est passée la scène qui a fourni à l'un de nos peintres les plus féconds et les plus spirituels, à Horace Vernet, le sujet d'un de ses meilleurs tableaux militaires.

Cette commune, située à gauche de Montmartre, est traversée par la route qui mène à Saint-Ouen. Considérée comme un des faubourgs de la capitale, elle est sans contredit le plus élégant de tous. Les nombreuses et jolies maisons qu'on y remarque rivalisent de comfort avec celles de Paris. Une multitude d'employés des grandes administrations, d'artistes, d'hommes de lettres, d'acteurs de différents théâtres, y ont fixé leur résidence afin de jouir de la campagne sans trop s'éloigner de la ville. Mais quelle campagne que celle où, durant les chaleurs de l'été, on cherche vainement une touffe d'arbres !

Ailleurs qu'aux portes de Paris, les Batignolles, par leur étendue, par les habitations qui les décorent, par la population nombreuse qu'elles renferment et qui s'accroît chaque jour, seraient un très-convenable chef-lieu d'arrondissement et même de département. A la gauche de la route est la guinguette, long-temps fameuse, connue sous le nom de *Père-Lathuile*. On en a fait un restaurant décoré avec élégance, et l'on a peut-être eu tort. Beaucoup regrettent le vieux cabaret historique, dont le propriétaire disait aux soldats retranchés derrière ses brocs et ses tables : *Buvez mon vin, mes amis, buvez-le gratis ! et tâchez qu'il n'en reste pas une goutte pour les Cosaques.* Ce brave homme est mort après avoir vu le drapeau tricolore de retour en 1830. Son corps a été déposé dans le cimetière de Clichy, et un simple monument atteste son patriotisme.

2. MOUCEAUX (RIVE GAUCHE).

Arrondissement de Saint-Denis. — Canton de Neuilly.

Ce hameau, qui dépend des Batignolles, et dont la population se confond avec la sienne, touche également à une des barrières de Paris, qui a pris son nom. *Les Chroniques de St-Denis* en parlent dès l'an 1363. En 1529, il y eut une chapelle sous l'invocation de Saint-Etienne, martyr. Long-temps la seigneurie du lieu appartint à la famille Charron. Elle fut vendue en 1746 au fermier-général Grimod de la Reynière, seigneur de Clichy, dont le fils s'est fait un nom dans les fastes culinaires, par la fondation de l'*Almanach des Gourmands.*

Ce qui a donné le plus d'importance à ce hameau, c'est le château que le duc de Chartres, depuis duc d'Orléans, père de Sa Majesté Louis-Philippe, y fit bâtir, et où il dépensa des sommes considérables. Aussi l'appela-t-on les

Folies de Chartres. Dans un vaste parc, dans un magnifique jardin anglais, avait été réuni tout ce qu'à grands frais l'imagination peut enfanter de plus délicieux en ce genre : ruines gothiques, ruines grecques, thermes romains, obélisques d'Égypte, points de vue ménagés avec art, ruisseaux laborieusement contournés, ponts légers, arbres touffus, rochers couverts de vignes, sentiers sinueux, tout était là. Ce parc avait été exécuté sur les dessins de Carmontel, l'auteur des *Proverbes*. Delille lui a consacré quelques vers.

Le château de Mouceaux, gracieux seulement, ne répondait pas à la magnificence de ses dehors. Après la chute de la royauté, la Convention nationale décréta que cette propriété ne serait point vendue, mais entretenue aux frais de l'État pour y fonder des établissements d'utilité publique. Napoléon, à son avénement au trône, en fit don à l'archi-chancelier Cambacérès, qui, quatre ou cinq ans après, trouvant que le plaisir y coûtait trop cher, la rendit au donataire. L'empereur la réunit à son domaine privé. Depuis la Restauration Mouceaux a été restitué au fils du premier propriétaire, Louis-Philippe, aujourd'hui roi des Français, mais sa majesté n'y donne pas tous les soins qu'une si onéreuse possession exigerait;

elle pense sur ce point, sans doute, comme l'archi-chancelier de l'Empire.

Lors de la construction du mur actuel d'octroi sous le ministère de Brienne, mur qui fut accueilli (soit dit en passant) par cette boutade toute française :

Le mur murant Paris rend Paris murmurant,

le parc se trouva séparé du hameau et compris dans l'enceinte de la capitale ; mais, pour ne pas perdre la vue des campagnes environnantes, le duc d'Orléans obtint que le mur s'élèverait au fond d'un vaste fossé. Sa volonté fut faite.

3. CLICHY-LA-GARENNE (RIVE DROITE).

Arrondissement de Saint-Denis — Canton de Neuilly. — Population, 3,700 habitants.

Cette commune, dont le territoire est traversé par le chemin de fer, est située dans une belle plaine, entre la rive droite de la Seine et la route de St-Denis à Versailles, à trois quarts de lieue N. E. de Neuilly, égale distance des barrières de la capitale, et une lieue S. O. de Saint-Denis.

Le nom latin de Clichy, *Clippiacum*, a beaucoup occupé les étymologistes, qui, dans sa racine *clip*, ont cru reconnaître notre mot français *clapier*, lieu où l'on élève des lapins; et le surnom de *la Garenne* leur a semblé venir en aide à cette interprétation.

Quoi qu'il en soit, ce village fort ancien embrassait primitivement tout le territoire sur lequel se sont élevés depuis le Roule, Saint-Ouen, Villiers-la-Garenne et Courcelles. C'est à cette étendue de pays qu'il faut rapporter tout ce qu'on trouve dans les anciennes chartes sur cette localité, où les rois de la première race avaient un château. En 625 Dagobert y épousa Gomatrude dont il était éperdument amoureux, et qu'il répudia quatre ans plus tard pour épouser dans le même lieu Nantechilde, sa suivante. C'était la résidence ordinaire de ce *bon roi*, qu'une chanson populaire a plus immortalisé que ses hauts faits. Il affectionnait tellement Clichy, qu'il engagea les principaux seigneurs de sa cour à y bâtir des châteaux autour de sa demeure royale. Il existe des monnaies frappées dans cette localité du temps du roi Dagobert.

En 627, 636 et 653, trois conciles furent tenus à Clichy. Le premier, composé d'évêques et de laïques, s'occupa de régler les affaires du royaume. Dans le troisième, auquel assistèrent vingt-quatre évêques, on confirma les priviléges de l'Abbaye de Saint-Denis. Clichy jouait alors un grand rôle politique dans le monde.

Clovis II et Thierry III, successeurs de Dagobert, y firent aussi leur résidence, mais Charles-Martel gratifia l'abbaye de Saint-Denis de ce domaine, et dès lors, à la splendeur de l'ancienne terre royale succéda l'obligation, beaucoup moins brillante, d'avoir à fournir, depuis la veille de Pâques jusqu'au lendemain de Noël, de bonnes et délicates volailles aux religieux ses maîtres. Toutefois le roi Jean y institua en 1351 l'ordre de l'Étoile.

La paroisse de Clichy, dédiée à saint Médard, le patron de la pluie, mort en 545, n'a pas une antiquité plus reculée que la fin du VIe siècle. Au XVIIe on y voyait un morceau du chef de ce saint évêque de Noyon, tiré de sa châsse, conservé à Saint-Étienne de Dijon, et dont la paroisse était redevable à Charles Moreau, premier valet de garde-robe du roi en 1660.

Dans ce même siècle, Clichy eut deux curés célèbres, Bourgoin qui devint général de l'Oratoire, et l'illustre et modeste saint Vincent de Paule qui fit rebâtir l'église que nous voyons aujourd'hui. La seigneurie du lieu passa de la famille des Beaumont à Macé de la Bazinière, à Edouard François Colbert, comte de Maulevrier, au marquis de Vaubrun et au fermier général Grimod de la Reynière, qui possédait aussi, comme nous l'avons dit, la terre de Mouceaux.

Là siéga, de 1795 à 1798, ce fameux *club de Clichy*, conciliabule insaisissable, qui travaillait avec ardeur à la contre-révolution. Vingt fois dénoncé aux Conseils et au Directoire, il leur échappa toujours, grâce à l'appui qu'il trouvait dans quelques membres du premier de ces corps. Il fallut le 18 brumaire et Bonaparte pour anéantir les derniers restes de cette conspiration permanente qui avait résisté aux coups du 18 fructidor.

En 1815, Clichy ne fut livré aux troupes étrangères qu'après la convention militaire du 3 juillet. La commune eut beaucoup à souffrir de son héroïque résistance. Les troupes anglo-prussiennes, commandées par Blucher, la livrèrent au pillage. Le temps a effacé la trace de ces désastres, et Clichy s'enorgueillit aujourd'hui de délicieuses maisons de campagne, parmi lesquelles il faut citer celle qui a appartenu à Barré, l'ancien directeur du théâtre national du Vaudeville, l'un des membres d'un triumvirat spirituel qui fit long-temps les délices de la capitale. Les cafés le disputent pour le luxe à ceux de Paris. Plusieurs restaurants attirent un grand concours d'amateurs dans la belle saison, entre autres celui qui est connu sous le nom mythologique de *Paphos*, nom qu'on aurait tort de prendre trop à la lettre. Des boutiques et des magasins, remarquables par un air d'aisance et de propreté, méritent à ce village une place distinguée parmi ceux de la banlieue. Il possède un grand réservoir d'eau de la Seine, et un lavoir couvert pour 150 blanchisseuses. Tous deux sont alimentés par une pompe à manége. On y trouve aussi une fabrique importante de céruse, qui y est regardée comme la plus belle et la plus pure du commerce; et d'autres fabriques de sel ammoniac, de colle-forte, de cordes d'instruments, de produits chimiques, ainsi qu'une fonderie de plomb.

En face, sur la rive gauche du chemin de fer, on aperçoit le hameau de Courcelles, dont les habitations dépendent de Clichy.

4. ANIÈRES OU ASNIÈRES (RIVE DROITE).

Arrondissement de Saint-Denis. — Canton de Nanterre. — Population, 560 âmes.

Ce charmant village, orné d'une jolie place publique plantée d'arbres, est situé sur la rive gauche de la Seine, qu'on y passe sur un pont récemment construit, à deux lieues de St-Denis, et une lieue et demie N. N. O. de Paris. Son nom, d'après l'abbé Lebeuf, viendrait de la multitude d'ânes qu'on y élevait : *Asinariæ à gregibus asinorum dictæ*.

Le plus ancien document qui en fasse mention est une bulle de l'an 1158. Asnières y est désigné sous le titre de cure. A cette époque, la paroisse comprenait le territoire qui composa depuis celle de Genevilliers, mais depuis 600 ans environ ce village en est détaché.

Les abbés de Saint-Denis étaient seigneurs d'Asnières. Un de leurs officiers allait chaque année y tenir une assise sur le bord de la Seine. L'abbé y faisait faire l'appel de tous les justiciables, et y jugeait les causes pendantes ; puis le fermier du bac était obligé de donner à dîner aux bénédictins et aux officiers de justice.

Comme tous les serfs de l'abbaye, les habitants d'Asnières furent affranchis en 1248. Dans les temps modernes ce village a toujours été environné de jolies maisons de campagne. On citait celles de la duchesse de Brunswick et de la marquise de Parabère, favorite du Régent, le château qu'y bâtit au dix-septième siècle le prince-palatin Edouard de Bavière pour sa femme Anne de Gonzague de Clèves, et qui fut plus tard la demeure de M. le baron de Prony. M. Voyer d'Argenson y avait fait construire aussi une habitation délicieuse. On découvrit, à cette occasion, entre le chemin et le bord de la rivière, à la profondeur de deux ou trois pieds, dans le gravier, des squelettes humains, sans bières, ni tombeaux, disposés dans tous les sens, les uns sur le côté gauche, d'autres sur le ventre, beaucoup ayant près d'eux des amphores de diverses couleurs et capacités. On y trouva aussi un sabre de fer et une agrafe de cuivre, *Fibula*, sur le bord de laquelle on lisait en caractères romains du quatrième siècle : *Domini morte vivas*, et, au revers : *Utere felix!* Un seul des squelettes était dans un cercueil de briques romaines à crochets : c'était celui d'un enfant de quinze ans. Aux environs, le gravier était tout noir. On eût dit que le feu y avait consumé des corps. L'abbé Lebeuf et le comte de Caylus parlent de cette curieuse découverte. Ce dernier pense qu'un roi Dagobert, de la première race, a eu une maison de campagne à Asnières, ou aux alentours, et que cette localité a été considérable autrefois.

5. GENEVILLIERS (RIVE DROITE).

Arrondissement de Saint-Denis. — Canton de Nanterre. — Population, 1,600 habitants.

Ce village est situé dans une plaine, à deux lieues au N. de Paris et à égale distance N. E. de Nanterre. Détaché d'Asnières (voir ce nom) il y a environ six cents ans, il fut érigé en cure au mois de février 1302. Aucune église n'a possédé plus de reliques peut-être que la sienne. L'évêque d'Acqs avait enfermé dans son maître-autel celles de saint Barthélemy, des compagnons de saint Denis, et de saint Maurice, saint Eutrope, saint Alexandre, saint Cyr, saint Valentin, saint Zenon et saint Patrocle. Les abbés de Saint-Denis, seigneurs de temps immémorial de la localité, en affranchirent les habitants en même temps que ceux d'Asnières. Elle eut beaucoup à souffrir des guerres civiles que désolèrent les environs de Paris sous les règnes de Charles V, Charles VI et Charles VII. Le parti d'Orléans s'en empara en 1411, et la livra au pillage. Antoine de Craon la reprit la même année.

Placée à l'extrémité de la presqu'île que forment en ce lieu les sinuosités de la Seine, elle est très-sujette aux inondations. En 1740, la Seine atteignant à Paris le deuxième étage des maisons du Port-au-Blé, Genevilliers fut presque enseveli sous les eaux; la violence du courant avait emporté les jetées; la masse énorme d'eau qu'elles maintenaient, s'ouvrant avec fureur un passage, entraîna, balaya les hommes et les bestiaux, et fit écrouler un grand nombre de maisons. Beaucoup d'habitants périrent dans ce désastre, et le gouvernement dut venir au secours des inondés.

Aujourd'hui Genevilliers n'est remarquable que par la charmante maison de campagne qu'y possédait le maréchal de Richelieu. Les vieillards du pays se rappelaient encore, il y a trente ans, les saturnales dont ce petit château avait été le théâtre, et les belles et nobles dames qu'ils avaient vues parées, rieuses, agaçantes, se rendant, en dépit de l'hymen, au temple que le Lovelace français y avait élevé à l'Amour. Au nord de son jardin il fit bâtir, en 1752, une glacière dont l'aire dépassait la hauteur de l'inondation de 1740. Elle formait un cône immense, couronné d'un bois taillis. Le sommet supportait un salon élégant, représentant un temple circulaire, dont le dôme servait de piédestal à une statue de Mercure. A l'aplomb de chaque colonne de ce dôme se dressait la statue d'une divinité. Cette maison a appartenu depuis à la famille Portalis et à M. Jordao-Bretano. Son pavillon excite encore l'admiration des promeneurs.

6. COLOMBE (RIVE DROITE).

Arrondissement de Saint-Denis. — Canton de Nanterre. — Population, 1,700 habitants.

Ce grand village, situé à deux lieues et quart S. E. de Saint-Denis, deux lieues et quart N. O. de Paris, et une lieue et quart de Nanterre, est bien bâti, dans un site riant, sur la rive gauche de la Seine. On y remarque trois jolies places, bien plantées, entourées de maisons de campagne très-agréables, dont une a appartenu à Condorcet. Il y a aussi une fabrique de colle-forte et une épuration d'huiles.

Les plus anciens titres qui font mention de cette localité ne remontent pas au-delà du treizième siècle. Alors elle appartenait à l'abbaye de Saint-Denis. Son église et particulièrement la tour du Nord ont le caractère architectural du douzième siècle; et cet édifice est assez important pour donner à penser que, dès cette époque, Colombe était considérable. De cette église partait chaque année, le premier jour de mai, une procession qui allait promener le Saint-Sacrement dans les vignes, afin de les préserver des vers. Plus tard, on préféra les exorcismes.

Les habitants de Colombe furent, en 1248, compris dans la charte d'affranchissement des serfs de l'abbaye de Saint-Denis; et, en 1667, le roi leur accorda l'établissement d'un marché par semaine et de deux foires par an. La communauté de Saint-Cyr succéda dans la seigneurie du lieu à l'abbaye de Saint-Denis. Le village avait été pillé, en 1436, par les Anglais, sous Charles VII.

Ce fut sans doute le seigneur abbé de Colombe qui fit construire le château qu'on y voyait encore au dix-septième siècle, et qui était la résidence habituelle de Henriette-Marie de

France, troisième fille de Henri IV et veuve du malheureux Charles Ier d'Angleterre. Cette reine déchue y mourut le 10 septembre 1669. L'édifice fut démoli en 1793 ; mais, sur son emplacement, on a élevé une jolie maison, appelée le Petit-Château, qui a appartenu à M. d'Etchegoyen, puis à la princesse de la Moscowa. Quel rapprochement à un siècle et demi d'intervalle ! La veuve d'un roi mort sur l'échafaud ! la veuve du *brave des braves* fusillé par des mains françaises !

Dans une maison voisine, appartenant à M. d'Hasfeld, le bon Rollin a écrit son *Histoire ancienne*.

En face de Colombe, sur la rive gauche du chemin de fer, on aperçoit le château et le parc de la Garenne, ancienne propriété de Corvisard, le chirurgien de l'empereur.

7. COURBEVOIE (RIVE GAUCHE).

Arrondissement de Saint-Denis. — Canton de Nanterre. — Population, 2,500 habitants.

Ce village est situé à deux lieues S. O. de Saint-Denis et deux lieues N. O. de Paris sur le penchant d'une colline qui borde la rive gauche de la Seine, vis-à-vis de Neuilly, près de la route de Paris à Saint-Germain-en-Laye et sur celle de Paris à Rouen. Ce n'était, avant la révolution, qu'un hameau dépendant de Colombe. Il en est fait mention dans deux titres de 1209, sous le nom de *Curva Via* (courbe voie), parce qu'en effet le chemin y était tortueux. L'accroissement de sa population et l'éloignement de Colombe y firent plus tard construire une chapelle.

La terre de Courbevoie, comme celle de Colombe, relevait en partie des moines de Saint-Denis, et en partie de seigneurs laïques. Les habitants furent affranchis, en 1248, en même temps que ceux de Colombe.

Il y avait, avant la révolution, un monastère de *pénitents*, qui n'existe plus. La belle caserne qui couronne le village fut construite par Louis XV pour les gardes suisses. Elle servit ensuite aux différentes troupes de la république, à la garde impériale de Napoléon et à la garde royale de Louis XVIII et de Charles X. Elle est occupée aujourd'hui par un régiment de ligne. En 1814, après les événements qui venaient de changer le sort de la France, le gouvernement provisoire y établit un hôpital militaire pour les soldats ennemis. Ils y reçurent de la générosité française des soins si empressés, que leurs chefs en témoignèrent publiquement leur reconnaissance par la voie des journaux.

Au bas de la colline on remarque un château d'assez jolie apparence. Le grand-maître de l'université Fontanes y possédait aussi une belle maison qu'il tenait de la munificence de l'empereur. Il y a dans le village des fabriques d'indienne, de blanc de céruse et d'autres produits chimiques, une distillerie et des entrepôts d'huile, de vin, d'eau-de-vie et de vinaigre.

8. BEZONS (RIVE DROITE).

Département de Seine-et-Oise. — Arrondissement de Versailles. — Canton d'Argenteuil. — Population, 600 habitants.

Ce village est dans une situation agréable, sur la rive droite de la Seine qu'on y traverse, moyennant un péage, sur un beau pont, nouvellement construit. — Grand commerce de moutons. — L'orgine du village doit remonter à une haute antiquité, puisqu'on trouve encore des monnaies des rois de la première race, portant *Vezonno vico*. Cependant il n'y avait encore que douze maisons en 1470. En 1381, les habitants plaidèrent pour être dispensés de faire le guet au château de St-Germain. En 1404, Charles IV les exempta du *droit de prises* qui autorisait *les chevauchées et preneurs royaux* à enlever des maisons, sans les payer, les meubles et vivres nécessaires au service de la cour. Ce brigandage fut racheté par quatre charrettes annuelles de *feurre* ou de paille.

La seigneurie appartenait de temps immémorial aux *Chanterel* qui la transmirent aux *Bazin*. Chaque année il y a une foire, qui commence le dimanche après la saint Fiacre, et dure trois jours. Jadis des cavalcades de masques y venaient de Paris pour s'y faire remarquer de la foule, et y danser sur un charmant tapis de gazon, ombragé de beaux arbres. L'affluence était immense, la gaieté très-vive; une comédie intitulée *la foire de Bezons*, représentée sous le règne de Louis XV, donna la vogue à cette réunion, qui est beaucoup moins suivie de nos jours.

Le village n'offre plus de remarquable que le château bâti par le maréchal de Bezons, ainsi qu'une maison de campagne dont le parc a été dessiné par Le Nôtre, et dont les belles eaux sont conduites dans l'intérieur de l'habitation par le mécanisme d'un moulin à vent.

9. NANTERRE (RIVE GAUCHE).

Département de la Seine. — Arrondissement de Saint-Denis. — Canton de Nanterre. — Population, 2,600 habitants.

Ce bourg, dont l'extrémité est traversée par le chemin de fer, et qui est contigu à la grande route de Paris à Saint-Germain-en-Laye, est situé à trois lieues un quart S. O. de Saint-Denis, deux lieues trois quarts O. de Paris, près et au N. O. du Mont-Valérien. Il portait, au cinquième siècle, le nom de *Nemetodurum*. Or, tous les noms de lieux qui commencent par la racine *nem* indiquent des sanctuaires ; témoins *Namnetes*, Nantes ; *Nemosus*, Nîmes ; *Nemetis*, Clermont-Ferrand ; *Nemetacum*, Arras, etc.

Le poète Fortunat, qui écrivait au temps où la langue celtique était encore parlée, dit que *Nemetis* signifie *fanum*. Nanterre aurait donc été, du temps des Gaulois, un lieu consacré.

Ce bourg se trouve sur la route que suivit saint Germain, évêque d'Auxerre, quand il alla, vers 429, gagner un port de mer, dans lequel il voulait s'embarquer pour la Grande-Bretagne, où il était envoyé par les évêques de l'église gallicane. Parmi les personnes qui accoururent pour le voir, ainsi que son compagnon de route, saint Loup, évêque de Troyes, il distingua la fille de Sévère, habitant de la localité, jeune enfant âgée de sept ans, la fit approcher, et la mena à l'église, où il lui récita les prières de nones et de vêpres. Le lendemain il lui fit renouveler la promesse qu'elle lui avait faite la veille d'embrasser l'institut des vierges chrétiennes, l'affermit dans sa résolution, et lui fit don d'une médaille de cuivre sur laquelle était gravée l'image de la croix, lui recommandant de la porter suspendue au cou au lieu de ces joyaux mondains dont se paraient ses compagnes. Le pieux évêque assura sa famille qu'à sa naissance les anges avaient célébré une grande fête dans le ciel.

A quinze ans, l'humble bergère fit vœu de virginité. Ayant perdu ses parents, elle alla habiter chez sa marraine à Paris. Sa piété, sa charité lui attirèrent le reproche d'hypocrisie. Lorsqu'à l'approche d'Attila, elle assura les Parisiens qu'ils n'avaient rien à redouter des barbares, ils s'irritèrent de sa prophétie, et voulurent attenter à ses jours; mais sa patience calma leur fureur, elle devint l'objet de la vénération publique; on la consulta dans les occasions importantes, et, l'esprit de Dieu l'éclairant, elle rendit de grands services à Paris, qu'elle réussit à approvisionner durant le blocus. Clovis fit bâtir, à sa prière, l'église de Saint-Pierre et Saint-Paul, où l'on enterra, en 512, Geneviève morte à quatre-vingt-six ans. Les vertus de toute sa vie, et les miracles qui s'opérèrent sur son tombeau, décidèrent la ville de Paris à se placer sous sa protection spéciale, et à la prendre pour patronne.

Un poète du treizième siècle raconte que, lors du passage de Saint-Germain à Nanterre, la mère de la jeune bergère, ayant voulu s'opposer à ce qu'elle se rendît à l'église où l'attendait le saint évêque, avait été frappée de cécité, et n'avait dû sa guérison qu'aux prières de sa fille. Ce miracle est sans doute l'origine des fréquents pèlerinages dont le bourg était encore le théâtre au dernier siècle. Les Génovéfains y avaient une maison de leur ordre, et un collége.

Après l'épisode si gracieux de Geneviève, on ne retrouve plus Nanterre dans l'histoire qu'en 591, époque où Clotaire II y fut baptisé. On ne sait pas à quel siècle remontent ses fortifications, dont les ruines révèlent une enceinte régulière flanquée de tours. Une bulle d'Alexandre III constate qu'en 1163 le bourg appartenait à l'église de Sainte-Geneviève de Paris. En 1223, l'abbaye de Saint-Germain-des-Prés contestait à cette église la dîme d'une partie du territoire de Nanterre. Lorsqu'il n'existait encore qu'un maréchal de France, les habitants étaient passibles envers lui d'un singulier droit : ils lui devaient chaque année, le jour de la Saint-Jean, trois sous pour son *impôt de maréchaussée*, et, le lendemain de Pâques, un denier et un pain de la grandeur d'un pied de cheval : *Unum panem ad magnitudinem pedis equi.*

En 1346, les Anglais, qui venaient de prendre et de brûler Saint-Germain, mirent également Nanterre à feu et à sang. Ils y reparurent en 1411 avec les Armagnacs, « pendant les uns, dit un historien (Le Laboureur), noyant les autres, et exigeant des malheureux plus de rançon qu'ils n'avaient de bien. »

Il y avait à Nanterre deux églises : la paroisse bâtie sous l'invocation de saint Maurice, dont la tour paraît être de la fin du treizième ou du commencement du quatorzième siècle, et la chapelle de Sainte-Geneviève la plus ancienne des deux. Suivant la tradition, elle avait été construite sur l'emplacement même de l'habitation de Sévère, père de la sainte. On y voyait un puits ayant servi au ménage de la famille, et dont l'eau avait une réputation miraculeuse. La foule venait s'y abreuver. On en remplissait un baquet de pierre auquel étaient retenues par une chaîne deux grandes cuillères de fer, à l'aide desquelles les dévots buvaient à longs traits. Suivant l'abbé Lebeuf, cette eau opéra, en 1590, un prodige sur les cheveux du marquis de Soubise; et un gentilhomme huguenot de sa compagnie en éprouva aussi de salutaires effets. Louis XIII, à son retour de Savoie, en 1630, y vint lui-même remercier la sainte de la guérison d'une maladie; et, en 1636, Anne d'Autriche, qui depuis long-temps s'adressait à tous les saints pour avoir un fils, y fit ses dévotions, et y laissa des présents d'argenterie et de linge.

La chapelle a été démolie ; mais le puits existe encore dans une petite cour. Il y a toujours là un seau et un verre pour désaltérer les fidèles, une figure de Sainte-Geneviève pour les édifier, et un tronc pour recevoir leurs offrandes.

En dehors du bourg, sur la vieille route de Saint-Germain, il existait aussi une très-petite chapelle de Sainte-Geneviève, placée, à ce qu'on assure, au lieu même où la bergère gardait son troupeau. Les passants y jetaient des pièces de monnaie par les fentes de la porte. Sur son emplacement on a élevé une croix de bois. C'est dans ce lieu qu'en 1815 une colonne prussienne fut presque anéantie par les Français. Le lieu natal de la vierge qui avait excité les Parisiens à repousser le roi des Huns porta bonheur à nos soldats.

Les gâteaux de Nanterre formaient autrefois une branche de commerce très-profitable à la localité ; mais soit qu'il y ait eu baisse dans la qualité du produit, soit plutôt que la gastronomie connaisseuse de notre époque préfère des pâtisseries plus délicates, ces gâteaux ont peu de vogue aujourd'hui ; et, sans la pratique fort chanceuse des marmots qui tourmentent leurs *bonnes*, les paysannes, postées les dimanches pour en vendre à la grille du jardin des Tuileries qui regarde le pont Royal, courraient grand risque de ne rapporter au village que leurs produits, tout saupoudrés de poussière.

Quant au *petit salé* de Nanterre, il conserve sa réputation, égale au moins à celle du lard de Strasbourg.

On fabrique dans la commune du *noir animal* pour raffiner le sucre ; celui de M. Noyon est d'une qualité supérieure. N'oublions pas non plus la manufacture de produits chimiques à base sulfurique de MM. Poisat, les tuileries, les carrières de moellons, les fours à plâtre, et l'abattoir à porcs pour l'approvisionnement de Paris. Les auberges y sont nombreuses, bien tenues et bien desservies.

On y voit de jolies maisons de campagne, entre autres celle de M. de Pongerville, de l'Académie française, l'aimable traducteur de *Lucrèce*, ancien maire de la commune. Quand il était au pouvoir, chaque année on couronnait chez lui une rosière, plus ou moins belle ; et l'élite de la littérature parisienne prenait part à la cérémonie. Un autre académicien, M. Villemain, ministre de l'instruction publique, habite aussi Nanterre dans la belle saison.

Il s'y rend tous les jours à l'issue de la séance de la chambre des pairs.

10. RUEL OU RUEIL (RIVE GAUCHE).

Département de Seine-et-Oise. — Arrondissement de Versailles. — Canton de Marly. — Population, 4,000 habitants.

Ville autrefois considérable, aujourd'hui simple bourg, Ruel est très-agréablement situé au pied d'une colline plantée de vignes, dans une contrée fertile, bien cultivée, abondante en légumes, à deux lieues N. N. E. de Versailles, une lieue et demie E. de Marly, deux et demie de Paris, près de la gauche de la Seine, à l'O. du Mont-Valérien. Selon Valois et Piganiol, ce serait le *Rotalajun*, ou *Rotalagencis villa* dont parle Grégoire de Tours; et alors les rois de la première race y auraient eu leur première maison de campagne aux environs de Paris. D'après le même Valois, Ruel viendrait du mot celtique, *Roto* ou *Roth*, *rouge*, à cause de la couleur du terrain. Quoi qu'il en soit, on trouve ce lieu mentionné dans des chartes de 817, sous les noms de *Rioilum*, *Rioilus*, *Riogilus*. L'empereur Louis le Débonnaire y accorda une pêcherie sur la Seine au monastère de Saint Germain-des-Prés. En 870, Charles le Chauve abandonna cette terre à l'abbaye de Saint-Denis, sous la condition que les religieux feraient brûler, nuit et jour, après sa mort, devant l'autel de la Trinité, sept luminaires distincts pour Louis, son père; pour Judith, sa mère; pour lui; pour Hyrmintrude, sa première femme; pour Richilde, la seconde; pour tous ses enfants, morts ou vivants; et pour Boson, Widon et ses autres favoris. L'empereur exigea encore que, durant le repas des moines, le réfectoire fût éclairé par quinze flambeaux.

En 1635, la seigneurie de Ruel fut vendue au cardinal de Richelieu, pour une rente viagère de 12,000 livres. Il y fixa sa résidence, fit réparer, augmenter, considérablement embellir le château et les jardins, et voulut que cette propriété surpassât en magnificence toutes les demeures royales. On y vit pour la première fois des cascades artificielles.

On a raconté beaucoup de fables sur les exécutions mystérieuses qui auraient été faites à Ruel pendant le règne de l'éminence qui s'était emparé du sceptre de Louis XIII. Les *oubliettes* du château, si l'on en croit les récits, auraient englouti une multitude de victimes vivantes. Chaque victime était, dit-on, invitée à un dîner où elle se trouvait en tiers avec le cardinal et un autre personnage; ce dernier, c'était le bourreau. La gaieté présidait au repas; les témoignages de la plus sincère amitié étaient donnés par l'hôte à ses deux commençaux. On se levait de table; Richelieu indiquait le salon où l'on allait se rendre; il passait le premier sous la porte, la victime le suivait; alors le bourreau lâchait un ressort qui faisait crouler le parquet sous les pieds du patient et qui se refermait après l'avoir englouti. C'est trop prêter aux riches, en vérité, que de leur prêter de semblables folies.

Mais ce qui est certain, c'est que ce fut dans ce château que l'infortuné maréchal de Marillac fut, par les ordres du cardinal, conduit et condamné à mort en 1632. Puis l'éminence railla les magistrats qui avaient prononcé la sentence. « Il faut avouer, leur dit-il, que Dieu donne aux juges des lumières qu'il n'accorde pas aux autres hommes ; je n'aurais jamais cru que ses actes méritassent un si rude châtiment. »

Là finit encore ses jours, dans la même année, le père *Joseph*, l'âme damnée du cardinal qui l'avait pris dans un couvent de capucins ; et plus tard *Zaga Christos*, le vrai ou faux roi d'Éthiopie, dont parlent tous les mémoires du temps, et à qui l'on fit cette épigraphe :

> Ci gît du roi d'Ethiopie
> L'original, ou la copie.
> Fut-il roi ? ne le fut-il pas ?
> La Mort termine les débats.

C'est à Ruel que Richelieu se livrait aux débauches qui abrégèrent sa vie. Il avait fait élever, au milieu de ses jardins, un délicieux pavillon, décoré de peintures érotiques. Entre autres prêtresses de ce petit temple, peu digne d'un cardinal, on citait la fameuse Marion Delorme, et la propre nièce de son éminence, madame de Camballet, depuis duchesse d'Aiguillon.

A la mort du prélat-ministre, elle devint propriétaire du domaine ; et les scènes galantes n'en furent point bannies. La cour, menacée par la Fronde, s'y réfugia en 1648. Quelques années plus tard, Louis XIV manifesta le désir d'en faire l'acquisition, mais l'économe Colbert recula devant un mémoire de 929,000 livres, qu'il fallait payer pour les réparations seulement. Vendue comme propriété nationale durant la révolution, cette terre passa entre les mains de plusieurs acquéreurs, et fut enfin achetée par le maréchal Masséna, qui la restaura et l'embellit. La superficie du parc est de 168 arpents.

Quant à l'ancienne ville de Ruel, dont la vieille enceinte est encore reconnaissable, elle eut beaucoup à souffrir, en 1346, des troupes anglaises de Henri IV, qui, après avoir saccagé Saint-Germain, la pillèrent et la réduisirent en cendres. L'église paroissiale remonte à 1582; la première pierre en fut posée par Antoine Ier, roi de Portugal, et par ses fils, Emmanuel et Christophe. Le portail a été reconstruit depuis aux frais du cardinal de Richelieu, par l'architecte Le Mercier, le même qui a élevé le portail de la Sorbonne. Il est décoré des ordres dorique et ionique, et l'on y voit deux statues par Sarrasin. C'est dans cet édifice que reposent les dépouilles mortelles de l'excellente impératrice Joséphine, et celles de sa fille la reine Hortense; un monument très-simple, en marbre blanc, indique ces deux sépultures.

En rebâtissant cette église sous Richelieu, on a conservé son clocher, de forme octogone, dans le genre des églises d'Angleterre, ce qui fait croire qu'il est dû au long séjour des Anglais dans les environs de Paris.

Ruel fut le Versailles de Richelieu. La plupart des affaires publiques s'y traitaient. Un grand nombre de courtisans y achetèrent ou y firent bâtir des maisons de campagne. Aussi la population s'accrut-elle rapidement. On y comptait déjà cinq cents feux en 1709. A la mort du cardinal, cette splendeur s'affaiblit par degrés, le château lui-même perdit de sa vogue. Cependant le bourg de Ruel, qui n'est pas seulement chef-lieu de canton, conserve encore un air de ville ; les rues y sont bien pavées, les maisons bien bâties ; et ses monuments ne méritent point de passer inaperçus.

On voit à l'entrée de Ruel, du côté de Paris, de magnifiques casernes, bâties en même temps que celles de Courbevoie : elles se composent de trois corps-de-logis, précédés d'une grande cour fermée par une grille élégante. Comme celles de Courbevoie, elles furent, en 1814, converties en hôpital militaire pour recevoir les soldats ennemis blessés sous les murs de la capitale. En 1815, elles furent occupées par les troupes anglo-prussiennes, qui prirent et pillèrent le château, dévastèrent le parc et ravagèrent aussi la Malmaison. La garde impériale y avait des détachements durant le règne de Napoléon ; elles reçurent les Suisses de la garde royale sous la restauration, et sont affectées à la troupe de ligne depuis la révolution de 1830.

Outre les châteaux de Ruel, de la Malmaison, de Buzanval et de Bois-Préau, les environs du bourg sont remarquables par plusieurs jolies maisons de campagne et par de nombreuses sources d'eau vive.

11. CHATOU (RIVE DROITE).

Arrondissement de Versailles. — Canton de Saint-Germain en Laye. — Population, 1,100 habitants.

Ce joli village est agréablement situé sur la rive droite de la Seine, qu'on y passe sur un pont de pierre, à deux lieues un tiers N. de Versailles, trois lieues et demie O. de Paris et une lieue et quart E. de Saint-Germain, sur la route de Paris à cette ville. On a fait beaucoup de recherches sur l'origine de son nom, mais on n'en trouve pas vestige au-delà du treizième siècle. On l'appelait alors *Chato*; son nom latin s'est perdu. L'église paraît remonter à la même époque. On y voit un monument érigé à la mémoire du duc de Berry. En 1470, on ne comptait encore que trente habitants dans la localité.

Environnée de maisons de campagne charmantes, elle est remarquable surtout par un beau château, aux dépendances duquel appartient une longue terrasse qui borde la rivière et d'où l'on jouit de points de vue délicieux. Son parc magnifique est embelli d'une grotte exécutée sur les dessins de Soufflot et d'une vaste pièce d'eau.

De l'autre côté du château, près de la forêt du Vésinet, apparaît une autre belle maison, appelée la *Faisanderie*, d'une construction très-simple, représentant un modeste ermitage, et possédant un parc élégant qui renferme beaucoup d'arbres étrangers.

N'oublions pas non plus les campagnes qui ont appartenu à M. Lenormant et à M. Maine; cette dernière, située sur le bord du fleuve, est toute glorieuse de ses beaux couverts et de sa terrasse de 300 toises.

Le pont du village ne date que du dix-septième siècle. En 1650, on passait encore la Seine dans un bac. M. Portail, premier président du parlement, fit construire le pont qu'il céda quelques années après au roi, moyennant une rente féodale de 6,500 livres. Ce pont, dont la longueur et le peu de largeur sont extraordinaires, fut rompu en 1815 pour arrêter la marche des troupes ennemies, et rétabli depuis.

On visite encore à Chatou la fabrique de bonnets d'Orient, façon de Tunis, de M. Totry-Latouche, qui a obtenu plusieurs médailles aux expositions, et les superbes troupeaux de mérinos qui appartiennent à M. le comte de Polignac et à M. Travaux.

12. CROISSY (RIVE GAUCHE).

Arrondissement de Versailles. — Canton de Saint-Germain-en-Laye. — Population, 550 habitants.

Ce village, dans une belle situation sur la rive droite de la Seine, en face de cette Malmaison si riche en souvenirs historiques, est à deux lieues N. de Versailles, trois et demie O. de Paris, une et quart E. S. E. de Saint-Germain.

En 1211, l'église de Croissy fut donnée par l'évêque de Paris au prieur de Saint-Léonard de

Noblat en Limousin. Elle était alors sous l'invocation de saint Martin, et passa sous celle de saint Léonard, dont les religieux apportèrent du Limousin quelques saintes reliques. Le maître-autel de cette église très-ancienne est décoré d'un tableau de Simon Vouet.

Dès le treizième siècle elle était comptée au nombre des cures de l'évêché de Paris. Un religieux de l'ordre de Cîteaux en fut pourvu en 1584. Mais, de tous ses prieurs le plus célèbre est l'abbé Vertot, qui écrivit à Croissy son *Histoire de la Conjuration de Bragance*, qu'il publia depuis sous le titre de *Révolutions de Portugal*.

La seigneurie du lieu appartenait fort anciennement aux seigneurs de Marly; elle passa dans le quinzième siècle à la famille Hennequin.

La position délicieuse de Croissy y a fait élever grand nombre de belles maisons et un château d'un style élégant avec de très-vastes dépendances. L'île, dite la *Loge*, que forme la Seine entre ce village et la Malmaison, appartient à M. le marquis d'Aligre, pair de France, qui possède un des plus jolis domaines des alentours.

Une fabrique d'outils de tonnelerie et un lavoir de laine répandent l'aisance dans la population de cette commune. M. Bemont, qui dirige la première, et l'association Naz, placée à la tête du second, ont recueilli d'honorables récompenses aux expositions de l'industrie. On se livre, en outre, dans ce lieu et aux environs, à l'éducation des mérinos.

LA FORÊT OU LE BOIS DU VÉSINET.

Ce bois, que le chemin de fer traverse, après avoir passé entre Chatou et Croissy, doit son origine à un hameau nommé *Visiniolum* dans les diplômes du neuvième siècle. Au commencement du dernier siècle, on fit défricher dans ce bois trois cents arpents de terre; on y établit des fermes, des laboureurs, des vignerons; on y fonda une population de soixante à quatre-vingts personnes; on y construisit enfin une chapelle dont le desservant eut l'autorisation d'y célébrer la messe, d'y chanter vêpres dimanches et fêtes, et d'y conserver le Saint-Sacrement et les saintes huiles.

Cette forêt a long-temps porté le nom de *Bois de la Trahison*. La tradition rapportait en effet, dit Pasquier, que le *preux Roland* y avait été assassiné par le *traître Ganelon*. Que deviennent alors nos légendes pyrénéennes de Roncevaux? Il y avait aussi, selon le même historien, une mare historique, d'un côté de laquelle une branche d'arbre surnageait toujours, tandis que, jetée sur un autre point, elle descendait aussitôt au fond. Ce fut dans ce bois que M. Pinel, banquier de la reine Marie-Antoinette, se brûla la cervelle au commencement de la révolution.

De nos jours, il s'y tient chaque année à la fête de l'Assomption, une foire très-fréquentée, qu'on peut comparer à celle des Loges, dans la forêt de Saint-Germain. Il y a encore, au milieu, un très-vaste champ de manœuvres, destiné aux exercices des régiments de cavalerie casernés à Saint-Germain.

LA SEINE.

Après avoir passé entre Chatou et Croissy, et traversé le bois du Vésinet, le chemin de fer vient finir au Pecq sur le bord de la Seine.

Nous avons sous nos yeux le beau fleuve tant de fois célébré. D'où vient-il ? où va-t-il ? Essayons de le connaître avant de nous confier aux bateaux à vapeur sur lesquels nous devons le parcourir.

Après le village de Saint-Germain-la-Feuille, et non loin du bourg de Chanceaux, il existe un étroit vallon, espèce de gorge étreinte par deux collines qui se rattachent aux montagnes de la Côte-d'Or. Là, du revers septentrional d'une hauteur, couverte de bois, jaillit un faible ruisseau, qui la descend rapidement. Plus bas une mare, un petit étang l'arrête; il franchit cet obstacle, grossit ses forces et reprend sa course, mais avec moins d'impétuosité. Suivez-le dans ses détours! vous le verrez recruter en route plusieurs autres petites sources, et s'aventurer à travers Courceaux, groupe de cinq ou six maisons. Il est déjà à demi-lieue de sa course, quand un pont chétif se présente qui sert de passage à la route de Paris à Dijon. Il courbe piteusement la tête sous cette mesquine construction. Le fleuve-roi déjà s'indigne, surtout lorsque, gonflé par les pluies et devenu torrent, il mord avec violence les cailloux qui soutiennent le frêle édifice. Sur l'enseigne d'une méchante auberge vous lirez: *Au premier pont de la Seine.*

Esclaves de l'erreur qu'entraîne la ressemblance des noms, abusés peut-être par un rapprochement mnémotechnique, les géographes placent ordinairement la source de cette rivière auprès du bourg et de l'abbaye de Saint-Seine. En voici la position exacte: département de la Côte-d'Or, arrondissement de Sémur, canton de Flavigny, commune de Saint-Germain-la-Feuille, hameau d'Envergereaux, trois quarts de lieue S. de Chanceaux, deux N. O. de Saint-Seine, et sept N. O. de Dijon. Elle coule d'abord au N., passe à Châtillon-sur-Seine, entre ensuite dans le département de l'Aube, où elle se dirige au N. O. en baignant Bar-sur-Seine, Troyes et Nogent-sur-Seine, tourne à l'O. S. O., pénètre dans le département de Seine-et-Marne, passe à Montereau, court au N. O., arrose Melun, arrive dans le département de Seine-et-Oise, passe à Corbeil et Choisy-le-Roi, traverse le département de la Seine où elle baigne Paris, laisse Saint-Denis sur la droite, rentre dans le département de Seine-et-Oise, effleure Argenteuil, Saint-Germain-en-Laye, Poissy, Meulan, Mantes, entre dans le département de l'Eure, où elle baigne Vernon, le Petit-Andelys et Pont-de-l'Arche, et enfin arrose, en courant généralement à l'O., le département de la Seine-Inférieure, qu'elle sépare en partie de ceux de l'Eure et du Calvados. Elle baigne, dans le premier, Elbeuf, Rouen, Caudebec et le Hâvre; dans le second, Quillebeuf; dans le troisième, Honfleur, et se jette dans la Manche, devant le Hâvre, par une embouchure de trois lieues de large, entre le cap La Hève au N., et l'entrée de Toucques au S.

Une foule de rivières navigables ou flottables apportent à la Seine le tribut de leurs eaux et les productions des départements qu'elles parcourent. On remarque dans le nombre l'Ource, l'Aube, l'Yères, la Marne, l'Oise, l'Epte et l'Andelle, à droite; l'Yonne, l'Essonne, l'Orge, l'Eure et la Rille, à gauche. Le canal du Loiret, qui débouche dans la Haute-Seine, la met en communication avec la Loire. Le canal de Bourgogne entre l'Yonne et la Saône unit la Seine au Rhône. Le canal de Saint-Quentin, qui aboutit à l'Oise, établit une communication entre la Seine, la Somme et l'Escaut. Enfin, le canal de l'Ourcq, qui débouche dans le canal de la Seine à la Seine, a moins pour objet le commerce que les besoins et l'embellissement de la capitale.

La Seine, de sa source à son embouchure, a quatre-vingt-dix lieues en ligne directe, et cent quatre-vingt-une en suivant le cours du fleuve, qui est extrêmement sinueux au-dessous de Paris. Sur ces cent quatre-vingt-une lieues, il y en a trente-trois de flottage à bûches perdues, depuis Billy (Côte-d'Or), et cent trente-neuf de navigation, à partir de Méry (Aube), au-dessous de Troyes. Plusieurs monuments et divers écrits attestent que la Seine a été navigable pendant plusieurs siècles jusqu'au-dessus de Bar-sur-Seine. En 1703, la navigation remontait jusqu'à Troyes; mais dès 1730, les ouvrages exécutés pour l'établir manquèrent faute de solidité, et on ne les a réparés qu'en partie. En 1805, Napoléon ordonna de nouveaux travaux qui furent interrompus en 1814. En 1825, il a été résolu qu'on les reprendrait; ils doivent être poussés jusqu'à Châtillon-sur-Seine.

La navigation est généralement facile. Depuis Méry jusqu'au confluent de l'Aube, elle se fait par un nouveau lit nommé canal Sauvage. A Nogent on a construit une écluse à Sas, à l'extrémité d'une dérivation du fleuve de trois cent quatre-vingt-deux mètres de longueur. Le canal de la Seine à la Seine évite aux bateaux le passage dangereux des ponts de Paris. Mais on trouve ensuite grand nombre de *hauts fonds*, sur lesquels il n'y a qu'un mètre d'eau en été, et divers passages qu'il faut franchir avec précaution. Un d'entre eux a été supprimé, comme nous l'avons dit, depuis deux ans, par les travaux de M. Poirée. C'est le pertuis de la Morue, qui était situé à 950 mètres au-dessous du pont de Bezons (Seine-et-Oise), et qui avait seize mètres de largeur. Il avait été construit à l'occasion de l'établissement de la machine de Marly, qui barrait entièrement le lit de la Seine. A Vernon, on a fait divers travaux au voisinage du pont. Il y a ensuite à franchir le pertuis de Modène, de Tournedos et de Poses (Eure), où un petit canal remplace le lit du fleuve. Les eaux, divisées en trois branches, y nécessitent quelquefois des efforts pour vaincre le courant navigable établi sous le village. Ces difficultés sont accrues par le halage qui s'opère, tantôt dans l'île, tantôt sur d'étroites estacades. Les *hauts fonds* se rencontrent peu dans les départements de la Seine et de Seine-et-Oise; il n'y en a guère qu'à Neuilly, Épinay, Rosny, Plafosse et le Pecq. Ils sont plus nombreux dans le département de l'Eure, où l'on cite ceux de Vernon, et, plus en aval, ceux de la Reine et de Chardieu, de la Madeleine ou de Pressagny, des Petites et des Grandes-Gourdaines (à Portmort), de Rosny, du Petit-Andelys (au pertuis Saint-Jacques), et de la Grande-Remate (à Venables), depuis Port-Pinché jusqu'à l'embouchure de l'Andelle, et depuis Martot jusqu'à Pont-de-l'Arche. Là, sur le bras du Fossé, on a construit une écluse à sas de dix mètres. Dans le département de la Seine-Inférieure, le lit du fleuve est parsemé d'îles et de masses d'alluvions. Les mariniers se garent surtout, devant Elbeuf, de la roche de Saint-Aubin, écueil dangereux dans les hautes eaux ; des bancs et *hauts fonds* qu'on rencontre, de Rouen à Bardouville, à la Bouille, au passage du

Croisset, et de l'île du Val-de-la-Haye jusqu'à la Mailleraye, à la pointe de l'île du Columet et de l'île aux Peuples, et devant le rocher du Trait. N'oublions pas celui qui s'étend de la Mailleraye à la pointe de Briquetuile, ceux qui longent le trou de Gauville, le banc des Moules, en face de Caudebec, formé, dit-on, des ruines de l'abbaye de Fontenelle que remplaça celle de Saint-Vandrille, les roches qui avoisinent le château de la Martinière, les hauts fonds de plusieurs autres endroits de la passe, et enfin les cailloux et sables mouvants que les courants entraînent entre la Roque, Villequier et Quillebeuf, et qui vous font échouer aujourd'hui là où vous avez facilement passé hier. A la hauteur de ces deux dernières localités existe la *traverse*, l'écueil le plus redouté de cette navigation, et sur lequel il n'y a pas un mètre d'eau à la mer basse. La traverse d'Aizier est séparée de celle de Villequier par un *haut fond*, voisin de la Vaquerie. La formation de ces traverses provient du combat que se livrent les courants d'Ebbe et de Flot, rejetant en aval et en amont les sables qu'ils chassent. Le banc du Tôt, près de Quillebeuf, est fixe; il y en a grand nombre de changeants en aval de la pointe de la Roque et du Nez de Tancarville. Parmi ceux qui barrent l'embouchure du fleuve, notons en passant ceux de Saint-Sauveur, en amont de Honfleur et d'Amfar, et de Ratier, en aval, devant le Hâvre. Ces derniers sont des débris des falaises qui courent entre la Hève et le cap d'Antifer. De magnifiques projets ont été mis sur le tapis pour remédier à ces inconvénients graves qu'on signale depuis des siècles; mais à l'exception du canal de l'écluse du Pont-de-l'Arche qui date de l'Empire, tout est encore à exécuter.

Mais voici venir le *flot*, ou la marée montante, dont l'aspect varie, à l'embouchure de la Seine, suivant les saisons, les vents et les localités. Sensible à Rouen, presque imperceptible au Pont-de-l'Arche, il forme, dans la largeur du fleuve, une vague appelée *barre*, qui s'élève de un à deux mètres en déferlant avec un grand bruit, au-dessus du niveau des eaux. On commence à le distinguer à la hauteur de Berville. Il devient plus apparent entre la Roque et le Nez de Tancarville, et atteint devant Quillebeuf à son plus haut degré d'élévation et de vigueur. Là, refoulé par le banc du Tôt, il forme une seconde barre appelée : *barre du nord*, que les mariniers redoutent plus que la première, car elle vient battre la ville, heurte souvent les navires entre eux et les pousse contre le quai. Au-dessus de Quillebeuf la rage du *flot*, quoique ralentie, n'est pas encore tombée ; on l'a vu couvrir les quais de Caudebec, et ce n'est qu'à Duclair que s'amortit enfin sa fougue impétueuse. Il est dangereux de naviguer sur le fleuve immédiatement après le passage du flot, à cause d'une multitude de courants divers qui sillonnent à sa suite l'espace compris entre le Hâvre et Rouen. A Quillebeuf, le temps moyen de l'écoulement à la mer est de neuf heures.

La Seine a un cours assez lent, surtout dans sa partie inférieure : entre Paris et Mantes, sur 194 mètres 90 c. la pente est de 4 cent. 55 mill. ; elle est de 2 cent. 70 mill. entre Mantes et Rouen, et de 1 cent. 85 mill. entre Rouen et le Hâvre. Ce fleuve, ne descendant pas de bien hautes montagnes, n'est pas sujet à de grands débordements. Les hivers où son cours gèle à Paris sont plus rares que les autres. Cependant, malgré son régime paisible et régulier, il est, comme toutes les rivières, sujet à des variations occasionnées par les pluies et la fonte des neiges et des glaces. Ses grandes crues ordinaires s'élèvent à 6 mètres environ au-dessus de l'étiage. Depuis l'inondation de 1658, la plus forte est celle de 1740 ; alors les eaux atteignirent à Paris 8 mèt. 10 cent. ; à Vernon, 7 mèt. 75 cent. ; à Rouen, 6 mèt. 22 cent. Les crues de 1784, 1806, 1817, 1836 et 1840, ont toujours été inférieures.

Dans le langage des mariniers de la Seine, les *basses eaux* sont celles qui ne permettent pas aux grands bateaux de naviguer à toute charge ; les *hautes eaux*, celles qui, arrivées à 3 mètres, couvrent déjà le chemin de halage ; les *grandes ou grosses eaux*, celles qui, ayant dépassé ce niveau, interdisent aux bateaux le passage des ponts ; enfin les *bonnes eaux*, celles qui s'élèvent de 1 mèt. 30 cent. à 3 mètres au-dessus de l'étiage.

Les *basses eaux* entravent la navigation ascendante et descendante, surtout entre Quillebeuf et la Mailleraye, à cause des bancs qui encombrent le chenal. En amont de ce dernier point il est assez profond pour un bâtiment de 3 mètres de tirant d'eau, même pendant l'étiage.

Les *hautes eaux* offrent des difficultés à la remonte, mais elles favorisent la descente, à moins toutefois que les rives ne soient submergées, car alors il n'est pas aisé de distinguer la ligne de navigation.

Les vents, qui règnent d'ordinaire dans le cours de la Seine, sont ceux de N. O. et de S. O.

Les plus grands bâteaux qui naviguent entre Paris et Rouen sont les bateaux *normands*, *besogues* ou *foncets*, aujourd'hui fort rares, qui ont de 50 à 65 mètres de longueur, 7 à 9 de largeur, et de 1 mètre 80 cent. à 2 mètres 10 cent. de tirant d'eau; ils portent jusqu'à 1,100 milliers. Les bateaux ordinaires qui varient de 32 à 48 mètres de long, sur 4, 67 de large et 1 mèt. 20 cent. à 1 mèt. 80 cent. de tirant d'eau, employant communément de huit à dix jours pour faire le trajet en descendant, et de quatorze à seize pour remonter. Viennent ensuite les *longuettes* et les *marnois*, de deux cents à deux cent cinquante tonneaux; les *lavandières*, de cent à cent cinquante; les *margotats*, les *toues* ou *chalands*, *toues de Saint-Rambert*, ou *auvergnates*, de 4 mètres de large au plus, portant de quatre-vingt à cent tonneaux, aux dimensions calculées sur le canal de Briare qu'elles suivent pour passer de la Loire à la Seine; les *flutes*, ou *flrttes*, de soixante tonneaux, allégés quelquefois et remorqueurs des bateaux normands, et les *bachots* qui envergent leurs cordages et passent les chevaux d'une rive à l'autre.

La navigation entre Rouen et le Hâvre a lieu par trois espèces de bateaux : ceux qui sont affectés au long cours et au cabotage, portant cent à deux cents tonneaux, tirant de 2 mètres 60 centim. à 3 mètres 25 centim.; ceux qui desservent les points intermédiaires, et qu'on appelle *alléges*, *gribanes*, etc., cinquante à quatre-vingts tonneaux, tirant 2 à 3 mètres; les *bateaux à vapeur* transportant les marchandises et remorquant les *chalands*. Leur tirant ne dépasse pas 2 mètres 25 centim. Sans les dangers de la navigation, les bâtiments de quatre cents tonneaux pourraient remonter jusqu'à Rouen.

On évalue à près de six cent mille tonneaux le mouvement commercial qui s'opère par la Seine entre le Hâvre, Rouen et Paris. Les approvisionnements de la capitale donnent la plus grande importance à la navigation du fleuve. Par la haute Seine arrivent des blés, de la farine, des vins de Bourgogne et de Champagne, du foin, du chanvre, de la laine, des cuirs, du bois de chauffage et de construction, des planches, du charbon de bois, de la houille, des fers, des bouteilles, des grès, des meules, etc. La navigation de la basse Seine, entre Paris et le Hâvre, a principalement pour objets les grains, la farine, les vins, le cidre, le beurre, l'huile de poisson, le lin, le chanvre, la laine, les cuirs, la soude, la résine, le brai, le goudron, les épiceries, les drogueries, les rouenneries, les draperies, les denrées coloniales, etc.

La Seine est un des cours d'eau les plus poissonneux de la France; elle offre aux pêches annuelles et *saisonnaires* l'esturgeon, le saumon, la sole, l'alose, l'anguille, l'éperlan, la feinte, la flondre, etc.

L'aspect des rives de la haute Seine est généralement monotone et triste. Celui des rives de la basse Seine, de Paris à Rouen, est des plus pittoresques. Il y a dans cet intervalle de nombreuses îles, couvertes d'une belle verdure. De Rouen à la mer, le fleuve qui s'élargit graduellement, et qui est en partie encaissé par de hautes falaises, offre un spectacle imposant; et le pays qu'il parcourt est un des plus riches de la France en points de vue magnifiques.

Le bassin de la Seine est circonscrit, au S. E. et à l'E., par la chaîne de la Côte-d'Or, le plateau de Langres et les monts Faucilles, qui le séparent du bassin du Rhône; au N. E., par les Ardennes occidentales, qui le séparent de celui de la Meuse; et au N., par une chaîne de collines qui se détache des Ardennes et le limite du côté de l'Escaut et de la Somme. Vers le S., la chaîne du Morvan, celle des collines du Nivernais et de la forêt d'Orléans séparent ce bassin de celui de la Loire. Un ra meau, formant la continuation de ces hauteurs, court vers le N. entre la Seine et la Toucques jusqu'à leur embouchure. Le bassin de la Seine a environ cent lieues de long du N. O. au S. E., et soixante, dans sa plus grande largeur. Il forme la première division forestière pour la recherche, le martelage et l'exploitation des bois propres aux constructions navales. Paris en est le chef-lieu ; il y a des sous-directions à Laon, Rouen et Châlons-sur-Marne.

« L'histoire de la Seine est, dit M. Ch. Nodier (1), l'histoire de la France elle-même. Il en est des fleuves comme des nations : inconnus à leur origine, rien ne révèle dans leur source obscure la portée de l'espace qu'ils vont parcourir. La Seine, fleuve-roi de la reine des cités, fleuve français avant tout, n'appuie pas son urne sur une terre étrangère comme le Rhin. Elle ne va pas en transfuge enrichir nos voisins du tribut de ses eaux comme l'Escaut et la Meuse. Elle descend de nos montagnes et se perd dans notre Océan, sans avoir fécondé d'autres plaines que les nôtres. Elle visite en passant les plaines riantes de la Bourgogne ; elle berce dans son cristal fidèle le front doré de ses coteaux, chargés de pampres ; elle s'enorgueillit sous la pompe royale des vieux marronniers des Tuile-

(1) *La Seine et ses Bords*, rue St-Honoré, 244.

ries. Puis, vous la voyez suspendre la rapidité de ses flots pour rafraîchir de vapeurs salutaires les magnifiques ombrages qui séparent le berceau de Louis XIV de celui de saint Louis, envelopper Mantes comme une ceinture, se dérouler comme un ruban sous les collines de Vernon. Cette ville aux flancs boisés, aux frais boulevards, au vaste port, c'est Rouen, le Paris du vieux Rollon. La Seine fléchit pour la première fois sous le poids des vaisseaux; elle s'enfle d'orgueil; elle accélère sa course; elle est impatiente de sentir les eaux de la mer se mêler avec les siennes. Rien ne peut la retenir, ni les jardins délicieux de la Mailleraye, ni les ruines pittoresques de Tancarville. Elle a entendu la grande voix du flux qui l'appelle et qui la repousse. Elle s'élance, elle bondit, elle lutte, elle triomphe, elle se perd dans le reflux qui l'emporte.

» Féconde auxiliaire de l'agriculture, véhicule obéissant du commerce, la Seine multiplie les récoltes des champs qu'elle arrose, elle en répartit les produits avec la prudente libéralité d'une bonne mère, elle les améliore ou les varie par l'échange. Ce n'est pas tout; elle demande d'autres richesses à la mer, où le Hâvre et Honfleur s'étendent en avant comme les deux mains du fleuve pour recevoir les tributs du monde. Elle enlève le superflu de l'utile pour ramener celui du luxe.

» La Seine est un fleuve français, aguerri au bruit des armes. Devant elle ont campé tour à tour Jules César, Constantin, Julien, Attila, Clovis, Charlemagne, Rollon. Sur une de ses rives, l'Europe s'est arrêtée presque effrayée de ses victoires; sur l'autre était Napoléon. Si ces campagnes, aujourd'hui chargées de moissons, venaient à s'ouvrir à l'appel de la trompette du jugement, elles ne suffiraient plus à porter les guerriers qui ont trouvé de siècle en siècle un tombeau dans leurs sillons, tant seraient épais les rangs accumulés de cette armée de cadavres. On y distinguerait, à leurs vêtements, à leurs armes, au type étrangement varié de leur physionomie nationale, le Gaulois, le Romain, le Franc, le Normand, le Bourguignon, l'Anglais, le Germain des bords du Rhin, du Danube et du Weser, le Croate de la Saxe, le Cosaque du Niéper, le Baskir des déserts d'Ufa, et surtout le Français, car le poignard de la guerre civile a creusé ici plus de fosses que l'épée de l'étranger!

» Partout où s'élève une cité vit la mémoire d'un fait de guerre. Pont-de-l'Arche, Harfleur, le Hâvre, vous parleront de leurs siéges. Rouen vous dira les assauts qu'elle a subis, et dont un coûta la vie au roi de Navarre, père de Henri IV. L'Epte, dont vous verrez l'embouchure, s'enorgueillit d'avoir été disputée par Philippe Auguste et Richard-Cœur-de-Lion. Sous les murs délabrés d'un château antique, vous verrez l'endroit d'où partit la petite embarcation de Guillaume-le-Conquérant quand ce héros alla rejoindre la flotte qui lui soumit l'Angleterre. Sur votre passage vous saluerez la gracieuse solitude de Mesnil, où la tradition veut qu'Agnès Sorel ait animé plus tard Charles VII à la conquête de son royaume. Avec ces hautes impressions de l'épopée, se confondent partout celles du drame et de la romance. Le château de Rosny vous rappellera Sully, qui y naquit, et la duchesse de Berry, qui y donna tant de fêtes et s'y fit tant chérir. Le cœur du duc son époux, frappé par Louvel, y est déposé dans une chapelle. Le château de la Roche-Guyon vous rappellera le meurtre impuni du comte d'Enghien; Rouen, le supplice impie de Jeanne d'Arc; Jumièges, l'exil des *énervés*. Cette montagne, qui dessine à l'horizon son profil net et rapide, c'est la *Côte des Deux Amants*. Autrefois une chapelle, construite au sommet, vous aurait montré le lieu où le fiancé s'arrêta pour mourir. Quant à la jeune châtelaine, elle redescendit jusqu'à l'Andelle, où elle vint ensevelir son deuil et ses douleurs.; et la petite rivière qui se jette à vos pieds dans le grand fleuve avec un sourd gémissement, y apporta jadis ses rubans et son bouquet nuptial.

» La Seine a eu sa mythologie, ou son histoire fabuleuse, dont les gracieuses fictions semblent détachées d'un poème inconnu d'Hésiode ou d'Ovide; elles ont été recueillies par Bernardin de Saint-Pierre, le premier des poètes du dix-huitième siècle. Elle a eu aussi son hagiologie, ou son histoire sacrée. Son patron auprès du Dieu des chrétiens est le vénérable abbé saint Seine, qui vécut au sixième siècle et fonda un monastère près de la source du fleuve. Il y fut long-temps invoqué aux époques de sécheresse et d'inondation. La foule entendait la messe au pied d'une croix; et, au dernier évangile, on plongeait par trois fois dans ce faible ruisseau la statue du saint. La croix a disparu, et les pieuses consolations avec elle... »

LES BATEAUX A VAPEUR

Les DORADES et les ÉTOILES,

Service régulier
de tous les jours entre Paris et Rouen, et *vice versâ*.

CORRESPONDANCE DIRECTE

Avec les paquebots de Rouen au Hâvre la *Normandie* et la *Seine*, qui partent tous les jours de Rouen, à la marée, de 4 heures du matin à 3 heures du soir;

Avec tous les paquebots partant du Hâvre pour Londres, Hambourg, Rotterdam, Saint-Pétersbourg, Bordeaux, Morlaix, Cherbourg, Caen, Dieppe, Southampton, etc., etc;

Et avec le *chemin de fer* de Paris au Pecq, et *vice versâ*.

Les *Dorades* ou les *Etoiles*, partant chaque matin du Pecq ou de Saint-Germain à 8 heures, embarquent tous les passagers et tous les bagages que leur amène le convoi du chemin de fer, parti de Paris à 7 heures.

Elles s'arrêtent à Maisons-Laffitte pour prendre les voyageurs qui viennent de la capitale par les voitures de la rue de Rivoli, nº 4 (*voir plus bas*);

Desservent tous les points intermédiaires de la route, indiqués sur le tarif que nous donnerons plus bas;

Et arrivent à Rouen entre 6 et 7 heures du soir.

Les *Dorades* ou les *Etoiles*, partant chaque matin de Rouen à 5 heures, arrivent au Pecq ou à Saint-Germain entre 5 et 6 heures du soir, pour le convoi du chemin de fer qui part pour Paris de 6 à 7 heures.

Et maintenant, après avoir parcouru ce chemin de fer, après avoir embrassé d'un coup d'œil l'ensemble de la navigation de la Seine, nous voici arrivés sur la magnifique terrasse au pied de laquelle sont mouillés ces admirables bateaux à vapeur, dont la fumée épaisse s'élève en colonne dans les airs, dont les roues, aussi agiles que les vents ou la foudre, frémissent d'impatience en attendant le signal du départ; dont les cloches infatigables annoncent, par leurs tintements réitérés, aux retardataires en défaut, que les Etoiles vont filer, et que les Dorades vont fendre les ondes.

Prenons nos places! Nous avons pu les arrêter d'avance aux *trois bureaux de Paris* :

A celui du chemin de fer, rue Saint-Lazare, dont le départ, nous l'avons dit, est à 7 heures du matin ;

Au bureau de la rue de Rivoli, n° 4, dont les Accélérées partent tous les matins pour Maisons-Laffitte à 6 heures ;

Au bureau de la rue de la Bourse, n° 29.

Voici le tarif du prix des places :

DE PARIS	1res		2es		DE ROUEN	1res		2es	
	f.	c.	f.	c.		f.	c.	f.	c.
au Pecq............	1	50	1	»	à Oissel et Elbeuf.	1	»	1	»
à Maisons-Laffitte..	2	50	2	»	à Pont-de-l'Arche..	2	50	1	50
à Conflans..........	3	»	2	25	à Poses............	3	»	2	»
à Poissy...........	3	50	2	50	à Muits et St-Pierre.	3	50	2	50
à Triel............	4	»	3	»	aux Andelys........	4	»	3	»
à Meulan..........	4	50	3	50	à Gaillon..........	5	»	3	50
à Mantes..........	5	»	4	»	à Vernon..........	6	»	4	»
à Rosny et Rolleboise.........	6	50	5	»	à Bonnières........	7	50	4	50
à Vetheuil et La Roche..........	8	»	6	»	à Vetheuil et La Roche............	8	50	5	»
à Bonnières........	8	50	6	50	à Rosny et Rolleboise............	9	»	5	50
à Vernon..........	9	50	7	50	à Mantes..........	9	50	6	»
à Gaillon..........	10	»	7	75	à Meulan..........	10	»	6	50
aux Andelys.......	10	50	8	»	à Triel............	10	50	7	»
à Muits et St-Pierre	11	»	8	25	à Poissy..........	11	»	7	50
à Poses............	11	50	8	50	à Conflans.........	11	50	7	75
à Pont-de-l'Arche..	12	»	9	»	à Maisons-Laffitte..	12	»	8	»
à Elbeuf et Oissel.	13	»	9	50	au Pecq...........	12	50	9	»
à Rouen...........	14	»	10	»	à Paris...........	14	»	10	»
au Havre..........	24	»	16	»					
à Londres.........	64	»	43	»					

Les enfants de trois à sept ans, les mariniers et les militaires non gradés paient demi-place.

Il n'y a pas de distance au-dessous de 1 fr., même pour les demi-places.

Les voyageurs doivent se rendre aux lieux du départ, soit à la rue de Rivoli, soit au chemin de fer, soit au Pecq, soit à Rouen, un quart d'heure au moins avant l'heure indiquée.

Les bagages doivent être apportés la veille, et le prix de leur transport doit être payé immédiatement.

Chaque voyageur a droit à 25 kilog. de poids gratuit ; le reste se paie à raison de 6 fr. les 10 kilog. de Paris à Rouen et de Rouen à Paris ; du bureau de Paris au quai de Rouen, et *vice versâ*.

Tout voyageur, passant des secondes aux premières, paie un supplément.

Il est dû 25 cent. en sus du prix de chaque place pour chargement, déchargement et transport des bagages sur le chemin de fer, soit à la descente, soit à la remonte, que le voyageur ait des bagages ou n'en ait pas.

Un mot avant de clore cette partie financière de notre campagne. Il est bon de savoir que le tarif ci-dessus n'est établi que pour le trajet direct de Paris ou de Rouen aux diverses stations indiquées. Tout voyageur qui s'embarquera, à n'importe quel point intermédiaire, sera tenu de se conformer, pour le prix de son passage, au tarif affiché dans chaque chambre des bateaux.

Avant de lever l'ancre, passons la revue de notre escadrille. C'est la plus grande partie de celle qui alla chercher au Val-de-la-Haye le corps de l'empereur Napoléon.

Et d'abord la *Dorade* n° 1, joli bateau à vapeur en fer de 54 m. 97 c. de long, mu par deux machines françaises, à haute pression, de la force collective de 40 chevaux, sorties des ateliers de l'habile mécanicien Cavé, rue du faubourg Saint-Denis, n° 214. C'est le premier paquebot qui a été construit pour le service de Paris à Rouen. Il a fait son premier voyage le 7 juin 1836, sous le nom de *le Théodore*. Belle construction, toutes les commodités désirables, un boudoir pour les dames. (Ce bâtiment est réservé pour un service supplémentaire dans le cas où les *Dorade*s n° 2 ou 3 seraient forcées d'interrompre leur navigation. Il n'a donc ni capitaine, ni équipage spécial; ceux des deux autres bateaux le montent alternativement au besoin.)

La *Dorade* n° 2, capitaine Pagès, joli paquebot en fer, de la force également de 40 chevaux, haute pression, machines du même mécanicien, 55 m. 22 c. de longueur; emménagements comfortables, élégance, propreté, boudoir pour les dames, excellent restaurateur.

La *Dorade* n° 3, capitaine Grimard, joli paquebot en fer, de la force également de 40 chevaux, haute pression, machines du même mécanicien, 51 m. 97 c. de longueur. Sous les ordres du capitaine Garay, directeur de la compagnie des *Dorades*, il a porté, du Val-de-la-Haye à Courbevoie, le prince de Joinville, sa suite, le corps de l'*Empereur Napoléon*, et ses fidèles compagnons d'exil. Une plaque qu'on voit sur le pont rappelle ce mémorable événement. Le prince a autorisé le bateau à conserver sa robe de deuil ; il a voulu que le salon fut décoré d'un reliquaire de Sainte-Hélène dont il a fait don au capitaine, et a permis qu'au nom de la *Dorade* n° 3 on ajoutât celui de l'*Empereur Napoléon*. — Emménagements confortables, élégance et propreté, boudoir pour les dames, excellent restaurateur.

L'*Etoile* n° 1, capitaine Vivès, joli paquebot en fer, de 51 m. 97 c. de long, construit au Hâvre par M. Le Normand, machines de la force de 75 chevaux, basse pression, confectionnées à Londres par M. Barnes ; emménagements comfortables, propreté et élégance, boudoir pour les dames, excellent restaurateur.

L'*Etoile* n° 2, capitaine Blondin, joli paquebot en fer, de 51 m. 97 c. de long comme le précédent, même construction, mêmes machines ; emménagements comfortables, propreté et élégance, boudoir pour les dames, excellent restaurant.

L'*Etoile* n° 3, l'*Etoile* n° 4. (Ces deux bâtiments, comme la *Dorade* n° 1, sont réservés pour un service supplémentaire dans le cas où les *Etoiles* n° 1 et 2 seraient forcés d'interrompre leur navigation. Ils n'ont par conséquent ni capitaines, ni équipages spéciaux, ceux des deux autres bâtiments les montant alternativement au besoin.)

Le signal est donné; le bateau à vapeur est en route; une épaisse fumée s'échappe des entrailles du monstre; et, ses nageoires rapides fouettant les ondes à coups répétés, il glisse en suivant les sinuosités de la rivière, plus prompt que la flèche qui vole droit au but. Et maintenant le double panorama de ses rives fuit à vos yeux, comme déroulé sans relâche par un doigt magique. Vous n'aurez pas le temps de respirer : tous ces tableaux enchanteurs passent et disparaissent comme l'éclair. Décrivons-les au plus vite! Quelques minutes! et il n'en sera plus temps...

LE PECQ.

1. LE PECQ (RIVE GAUCHE).

Département de Seine-et-Oise. — Arrondissement de Versailles. — Canton de Saint-Germain-en-Laye. — Population, 1,100 habitants.

Ce village est situé au bord de la Seine et sur la pente très-rapide de la colline dont Saint-Germain occupe le plateau, à deux lieues et quart N. de Versailles et cinq lieues et demie O. de Paris. Il était connu dès le commencement du septième siècle. « On disait, il y a deux cents ans, *Aupec*, dit le consciencieux abbé Lebeuf, et ce langage était raisonnable, parce que ce nom dérive du latin *Alpicum* ou *Alpecum*, consigné dans un titre de plus de mille ans. »

En 704, Childebert III en donna la seigneurie à l'abbaye de Fontenelles ou de Saint-Vandrille, en Normandie, donation qui fut confirmée, en 845, par Charles-le-Chauve. C'était alors un vignoble considérable, dont l'abbaye tirait annuellement trois cent cinquante muits de bon vin ; on y élevait aussi beaucoup de porcs. « Or, dit la Chronique des miracles de saint Vandrille, un chevalier du voisinage, nommé Ervaud, voulut ravir ce domaine aux religieux Hurfrède et Vautier, délégué de l'abbé Gerbert. Il commença par enlever les porcs, que les frères avaient fort engraissés; mais le saint lui apparut et lui fit si grande peur, qu'il s'empressa de tout restituer. »

Le territoire de cette paroisse, autrefois très-étendu, diminua considérablement quand Saint-Germain eut été érigé en cure. En 1596, Henri IV affranchit à jamais les habitants de toutes tailles, impositions, subsides, à la réserve du taillon, et ce, pour les dédommager de vingt arpents de terre qu'ils lui avaient cédé pour arrondir le château qu'il destinait dans Saint-Germain à Gabrielle. Cet affranchissement fut confirmé par Louis XIII et Louis XIV; mais, en 1688, les habitants, voulant montrer leur zèle pour la guerre qui éclatait, demandèrent à payer de nouveau la taille. Ils furent les victimes de leur dévouement : le village fut ruiné ; les maisons tombèrent en ruine, faute d'entretien ; et la population, dès 1722, se vit forcée de supplier qu'on lui rendît ses priviléges : il fut fait droit à cette requête. Le pouvoir ne se réserva qu'un taillon annuel de mille livres.

Au commencement du dix-huitième siècle, le collége des Bernardins, à Paris, possédait une partie de la seigneurie et de la justice du Pecq. Mais des lettres-patentes de 1709 supprimèrent cette justice et cette seigneurie, tant en ce qui regardait les religieux, qu'en ce qui appartenait au roi. Le tout fut incorporé au domaine de Saint-Germain-en-Laye.

Le Pecq peut être regardé aujourd'hui comme un faubourg de cette ville. Le sentier abrupte qui servait de traverse à la route royale qui passe à Chatou est abandonné. On arrive à la hauteur par une pente douce et commode. Un service d'*Omnibus* est établi.

Le pont de bois sur lequel les troupes de Wellington et de Blucker effectuèrent, en 1815, le passage de la Seine, était depuis long-temps dangereux pour la circulation publique, surtout depuis une débacle de glaces qui annonçait sa ruine prochaine. C'était en outre un triste monument d'une des journées les plus honteuses de notre histoire. Ce fut là que, le 1er juillet, les troupes ennemies se présentèrent, lassées d'échanger inutilement des coups de canon et de fusil avec les Français protégés par les fortifications de Montmartre et de Saint-Chaumont. Un journaliste de Paris, Martainville, s'est vanté depuis d'avoir puissamment secondé les alliés dans cette attaque : des ouvriers avaient été placés sur le pont avec ordre de le rompre à leur approche; Martainville, propriétaire d'une maison voisine, amusa les ouvriers en les faisant boire, et l'ennemi s'empara du pont. Mais le petit nombre de troupes françaises, commis à sa garde, opposa une vigoureuse résistance au flot des assaillants, et ce ne fut qu'après avoir perdu leur chef et plusieurs hommes, qu'elles opérèrent leur retraite par le bois du Vésinet.

Au premier bruit de l'arrivée de l'avant-garde de Blucker, quelques habitants du Pecq, saisis de frayeur, sortirent de leurs maisons à sa rencontre, avec des fleurs de lis, des drapeaux blancs et des brocs de vin. L'ennemi but le vin et pilla les maisons de ses hôtes. Exposé plusieurs jours au passage de la presque totalité des Anglais et des Prussiens, ce malheureux village fut dévasté par tous.

Le vieux pont était au bas de la Grande-Rue du Pecq; les premières culées existent encore.

A côté de celle qui avoisine la rive droite, on montre un vieil ormeau, sous lequel la tradition rapporte que Sully rendait la justice. Le nouveau pont a été construit en 1835, à environ 200 mètres au-dessous. Sa construction est solide et élégante. Il se compose de sept travées en charpente de 122 mètres d'ouverture, avec piles et culées en maçonnerie. Sa longueur totale est de 169 mètres 60 centim. Il lie la nouvelle route de Saint-Germain à celle de Chatou à travers le bois du Vésinet ; la gare du chemin de fer borde cette route.

Le Pecq possède des fabriques d'une espèce de céruse, façon de Hollande, qui ont valu aux différentes expositions des récompenses à MM. L. Dupré et Simon Besançon ; des tanneries et des manufactures de cuirs, façon de Hongrie. On y fait un commerce assez étendu de bois, charbon de terre, vins, eaux-de-vie, etc. Il s'y tient une foire de trois jours, à la Madelaine. Ses vins, si renommés sous Louis-le-Débonnaire, sont aujourd'hui fort déchus de leur antique célébrité.

2. SAINT-GERMAIN-EN-LAYE (RIVE GAUCHE).

Arrondissement de Versailles. — Canton de Saint-Germain-en-Laye. — Population, 11,000 habitants.

Cette jolie ville et son ancien château royal sont situés près de la belle forêt qui porte leur nom, sur une colline élevée, au pied de laquelle coule la Seine, sur la route de Paris à Rouen, à deux lieues et demie N. de Versailles et cinq lieues et demie O. de Paris. La ville est bien bâtie ; les rues sont larges, bien pavées, mais percées irrégulièrement. On y compte trois places publiques : celle du Château, qui est vaste et assez régulière, la place Royale et la

place de Pontoise. C'est la patrie de Marguerite de Valois, fille de François Ier, de Henri II, de Charles IX et de Louis XIV.

Saint-Germain est une des villes les moins anciennes des environs de Paris. Du temps de Charlemagne, l'emplacement était couvert d'une épaisse forêt qui occupait le circuit de la Seine entre Aupec et Poissy, et qu'on appelait *Ledia Sylva*, mot dont on a fait par corruption *Leia*, puis *Laia* et enfin *Laye*, monosyllabe qu'on attache encore au nom de la ville et du château. Avant le onzième siècle, il n'existait dans ce bois qu'une chapelle de Saint-Vandrille, appartenant à l'abbaye de Fontenelle. Le roi Robert fit bâtir un monastère sur la crête du coteau boisé de *Ledia*, et le consacra à saint Germain. Plusieurs autres rois de France se plurent à le combler de biens; et, cent ans après sa fondation, s'éleva dans ce lieu un château qu'on appela Saint-Germain, et dont Louis-le-Gros fit une forteresse qu'il habitait quelquefois. Elle fut aussi, fréquemment, le séjour de Louis-le-Jeune, Philippe-Auguste, Louis IX, Philippe-le-Hardi, et Philippe-le-Bel.

Le monastère avait attiré des paysans; le château appela des seigneurs. Telle fut l'origine de la ville. Elle était déjà considérable, lorsqu'en 1346, elle fut prise, pillée et réduite en cendres, ainsi que le château, par les bandes anglaises. Charles V fit réédifier le manoir en 1370; mais, en 1419, sous Charles VI, les Anglais revinrent; et ville et château furent encore détruits de fond en comble. En 1435, le parti des Armagnacs s'empare du château de Saint-Germain; mais, trois ans après, en 1438, les Anglais le reprennent par la trahison de Carbonnet, religieux de Sainte-Geneviève, prieur de Nanterre.

Ce fut à Saint-Germain qu'eut lieu la célébration du mariage de François Ier. Il en aimait beaucoup le séjour. Il fit relever le château qui tombait en ruines, et qu'il accrut de la maison de Jacques Coitier, médecin de Louis XI. Les arts vinrent l'embellir. Plus tard, quatre cent seize arpents de la forêt furent clos de murs: on y enferma toutes espèces de bêtes fauves qu'on envoya chercher à Fontainebleau.

En 1547 eut lieu à Saint-Germain, pendant le séjour de Henri II, le fameux duel de Jarnac et de la Chateigneraie, dont il est tant parlé dans l'histoire de France. Ce fut ce roi qui jeta les premiers fondements du château neuf. En 1574, durant le fort de la ligue, Charles IX et sa cour s'y retirèrent, ne se croyant plus en sûreté à Paris; mais un devin ayant prédit à Catherine de Médicis qu'elle mourrait près de

Saint-Germain, elle s'enfuit au plus vite, et ne se crut pas même en sûreté au Louvre, trop voisin de la paroisse de Saint-Germain-l'Auxerrois.

Toutefois, le séjour de Charles IX fut profitable à la ville, qui lui dut la première manufacture de glaces françaises, à l'instar de celles de Venise. Le roi naturalisa et anoblit, en 1561, le fondateur Thesco Matio.

L'assemblée des notables, convoquée en 1583 par Henri III, pour la réforme des abus, eut lieu à Saint-Germain. Il n'en sortit que la guerre civile.

Henri IV, ainsi que Marie de Médicis, aimait beaucoup le séjour de Saint-Germain. Il voulut donner aux habitants de la ville une marque particulière de bienveillance et les exempta de toutes charges, de tous impôts, privilége qui dura jusqu'en 1789. Quand il fut épris des charmes de Gabrielle, il fit reconstruire pour elle, à deux cents toises du vieux château, l'habitation de Henri II, appelée le *Château neuf*. Peu à peu l'ancien château fut abandonné. C'est à Saint-Germain que Louis XIII fut atteint de la maladie qui le conduisit au tombeau; c'est là qu'était né Louis XIV. Un lit mortuaire et un berceau de rois! Louis XIII avait fait achever le château.

Louis XIV le fit embellir par Le Nôtre. Ce fut lui qui dessina cette magnifique terrasse commencée par Henri IV, qui règne le long du parc et qui a 29 m. 23 c. de large sur une longueur de 2,338 m. 84 c., offrant d'un côté un ample rideau de verdure ; de l'autre, le magnifique panorama de l'île de France, avec ses villes, ses villages, ses flèches gothiques, ses châteaux, sa rivière sinueuse, ses plaines coupées de vignes, de prairies, de vergers, et à l'horizon une dentelure bleuâtre de collines boisées.

Au vieux château furent ajoutés les cinq gros pavillons dont il est flanqué. L'espace manquait à la cour du fastueux monarque, qui dépensa au château de St-Germain 6,455,561 liv. 18 sous, somme exorbitante pour l'époque. Il fut même question un instant d'y enfouir les trésors prodigués à Versailles, qui n'était encore qu'un désert. Mais du haut de la terrasse on découvrait Saint-Denis, cette sépulture des rois de France. Il y avait là une source de tristesse continuelle. Versailles fut préféré.

Avec Louis XIV la cour disparut de Saint-Germain. Elle y fut remplacée par la douce La Vallière, qui cherchait à oublier les infidélités de son royal amant en faisant du bien aux pauvres. Quand elle eut échangé ce séjour contre le couvent des Carmélites de Paris, on vit arriver au château un roi d'Angleterre, Jacques II, deux fois précipité du trône, et qui ne s'occupa, dans cette demeure, qu'à converser avec des moines et à faire ses dévotions. Il y mourut en 1718, et une partie de sa dépouille mortelle repose dans l'église qui fait face au château. Là habitait avec lui un de ses compagnons d'exil, le spirituel Hamilton, l'auteur des *Mémoires de Grammont*, et d'autres productions charmantes.

Jacques II est le dernier personnage historique qui ait habité le château de Saint-Germain. Rien ne vint rompre la monotonie des habitudes de la ville jusqu'en 1789, où l'égalité proclamée des impôts lui ravit les priviléges qu'elle tenait de Henri IV. Ce fut la principale cause de son éloignement pour les principes de la révolution, qu'embrassa avec ardeur Versailles, qui devait tant aux Bourbons. Il fallut déclarer plusieurs fois Saint-Germain en état d'insurrection. Mercier, dans son tableau de Paris, appelle les habitants de cette ville « des êtres vides d'idées, ennuyés, lourdement maussades, aux jambes cylindriques, des plantes ayant bas, culottes, veste, habit, des végétaux ambulants, dont le sommet est couronné d'une perruque ronde demi-poudrée. » La moderne population ne mérite en rien cette boutade grotesque. « Le voisinage de Paris, dit M. Ch. Nodier, enrichit cette jolie ville d'une société agréable et bien choisie ; la beauté des environs, la richesse des sites, la pureté de l'air, en feront constamment un des séjours les plus enchanteurs de la France. »

Le 3 juillet 1815 les Prussiens s'emparèrent de Saint-Germain ; ils y restèrent jusqu'au 20 octobre et n'y commirent aucun excès. On ne peut pas en dire autant des Anglais, qui leur succédèrent. Peu s'en fallut qu'ils ne traitassent la ville comme en 1346 et 1419. Un écrivain affirme que les soldats de Wellington portèrent la fureur du pillage jusqu'à voler les bonnets des femmes qu'ils rencontraient dans les rues, pour s'en faire des jabots de chemise.

L'ancien château, après avoir été, durant la révolution, divisé en logements loués à des particuliers, après avoir été sous l'Empire affecté à l'École de cavalerie, et sous la Restauration à une compagnie de gardes-du-corps, est aujourd'hui transformé en pénitencier militaire. On y montre la salle de François Ier, celle de madame de La Vallière, la chambre où mourut Jacques II. Il y avait autrefois de belles peintures de Lebrun, Vouet, Lesueur, Le Poussin, Corrège et d'Annibal Carrache. Tout cela a été transporté à Paris en 1802. L'édifice a la forme d'un pentagone irrégulier. Ses vastes fossés, sa construction en briques avec parements en pierre de taille lui donnent l'aspect d'une ancienne forteresse. On admire ses immenses balcons, sa cour intérieure, sa chapelle aux croisées en ogives, aux voûtes à arêtes.

Le château neuf, situé sur la croupe de la colline, avait différents jardins soutenus par trois terrasses qui s'abaissaient graduellement jusqu'au bord de la Seine. Il n'en existe plus que la tour où naquit Louis XIV. Il fut un moment question de rebâtir ce château; et le comte d'Artois fit jeter les fondements du nouvel édifice; mais l'émigration vint suspendre ce projet comme tant d'autres. C'est aujourd'hui un restaurant historique, appelé le Pavillon de Henri IV, dont l'hôte vous étale avec le même empressement ses trésors archéologiques et ses richesses culinaires, et vous fait servir une *côtelette à la Soubise* au lieu où reposa le berceau du royal amant de La Vallière. La ville de Saint-Germain et l'administration du chemin de fer ont fait pratiquer un escalier magnifique qui mène du bas de la côte au Pavillon de Henri IV. Un second escalier conduit directement à la terrasse.

La forêt de Saint-Germain, une des plus belles du royaume, est percée de routes magnifiques ; elle a cinq mille cinq cent cinquante arpents clos de murailles, et est traversée en tous sens par trois cent quatre-vingts lieues de route. On y remarque la Faisanderie, le parc de trois cent cinquante arpents, qui joint la forêt au château ; la *Muette*, ou la *Meute*, pavillon bâti au centre de huit routes par François Ier, reconstruit par Louis XV et achevé par Louis XVI ; le *château du Val*, œuvre de Mansard, au bout de la grande terrasse et à l'extrémité du petit parc, et la *Maison des Loges*, au bout de la grande route qui est en face du vieux château. C'était autrefois un couvent d'Augustins déchaussés, fondé par Anne d'Autriche. Là fut exilée madame Dubarry pendant la dernière maladie de Louis XV. L'Empire y établit une succursale de la maison d'Écouen, pour les filles des membres de la Légion-d'Honneur. La Restauration, en conservant cette fondation, en fit une annexe de la maison royale de Saint-Denis. Ce lieu est célèbre par la foire qui s'y tient tous les ans, le premier dimanche après le 30 août, et qui dure trois jours. Il y a affluence de Parisiens de toutes les classes.

Avant la révolution, Saint-Germain possédait

un couvent de Récollets qui remontait à 1690, et un couvent d'Ursulines, dû à madame de Montespan. Il y existe encore aujourd'hui un hôpital, destiné à recevoir les malades et les vieillards des deux sexes. On compte à Saint-Germain plusieurs maisons d'éducation. On y visite l'église paroissiale construite en 1827, la halle au blé, le théâtre, les écuries royales, l'hôtel de Noailles, bâti par Mansard, les magnifiques casernes de cavalerie. La bibliothèque, dont cette ville est enrichie par certains *Guides pittoresques*, est entièrement fabuleuse, ainsi que ses trois mille deux cents volumes.

Saint-Germain, que sa population met au rang des villes les plus considérables des environs de Paris, n'est, à cause du voisinage de Versailles, qu'un chef-lieu de canton, le siège d'une justice de paix et la résidence d'une brigade de gendarmerie. Cette ville offre des fabriques de salpêtre, de bonneterie en laine drapée et d'étoffes de crin, des lavoirs de laine et des tanneries importantes dont on admire les produits aux différentes expositions. Son commerce de grès est fort étendu. — *Hôtels* : de Toulouse, d'Angleterre, de la Chasse-Royale. — *Restaurant* du Pavillon de Henri IV.

3. LE MÉNIL-LE-ROI (RIVE GAUCHE).

Arrondissement de Versailles. — Canton de Saint-Germain. — Population, 550 habitants.

A l'extrémité de la belle terrasse de Saint-Germain, le bateau à vapeur longe le hameau de *Carrières-sous-Bois*, lequel dépend de *Ménil-le-Roi*, joli village situé à un quart de lieue au-dessous, et dont le beau château appartient à M. Hope, capitaliste connu de tout Paris.

4. MAISONS-LAFFITTE (RIVE GAUCHE).

Arrondissement de Versailles. — Canton de Saint-Germain. — Population, 850 habitants.

Ce village, situé à trois lieues trois quarts N. de Versailles, une lieue et demie N. E. de Saint-

Germain, et quatre lieues N. O. de Paris, se dessine dans une charmante position avec son beau château qu'environne la forêt de St-Germain. Il est traversé par la route départementale de Bezons à Poissy, qui y passe la Seine sur un pont de charpente de 154 mètres d'ouverture totale, et 5 travées de 28 mètres chacune, avec piles et culées en maçonnerie. En amont est la seconde station des bateaux à vapeur du Pecq à Rouen. Les voyageurs y sont transportés par des voitures accélérées qui partent de la rue de Rivoli, n° 4, à Paris, tous les matins, à 6 heures dans la belle saison.

En 1373, la seigneurie de Maisons-sur-Seine appartenait à un chevalier de la famille des Aunay, seigneur de Poissy. Simple hameau, ce lieu dépendait alors de Sartrouville, qui n'en est séparé que par la Seine. Il ne commença à acquérir quelque importance que lorsque René de Longueil, seigneur de Maisons, surintendant des finances, et président à mortier, s'y eut fait construire, en 1658, un des plus beaux châteaux des environs de la capitale, et dont l'aspect reproduit le style des pavillons des Tuileries. L'architecte qu'il employa, fut François Mansard, oncle maternel du célèbre Jules Hardouin Mansard, qui travailla pour Louis XIV, et dont le duc de Saint-Simon a tracé dans ses mémoires une si piquante biographie.

Voltaire se plaisait beaucoup à Maisons. Le président y réunit un jour ce que la cour et la ville avaient de plus aimable. Le poète devait y lire sa tragédie de *Marianne*. Mais il se sentit tout à coup atteint d'une indisposition sérieuse. Sur les neuf heures du soir, la fièvre se déclara ; la petite vérole se manifesta bientôt, et troubla la fête. La maladie était dangereuse. Après être resté un mois alité, Voltaire, très-faible encore, voulut revenir à Paris. Mais, au moment où il montait en voiture, le feu se déclara dans la pièce qu'il venait de quitter ; et l'incendie se propageant, détruisit toute une aile de l'édifice.

Ce château fit plus tard partie du domaine du comte d'Artois, depuis Charles X. Des appartements y avaient été réservés pour recevoir Louis XVI et Marie-Antoinette.

Pendant la révolution, Maisons fut vendu comme propriété nationale. Il fut acheté plus tard par le maréchal Lannes, duc de Montebello, dont la veuve le revendit à M. Jacques Laffitte, qui le possède encore.

Trois longues avenues, disposées en croix, accompagnées chacune de deux pavillons d'une élégante architecture, conduisent à cette véritable demeure princière. Elle fait face à la Seine dont elle est séparée par une belle prairie, à laquelle on arrive par un petit pont de trois arches, en fer forgé, d'un travail exquis. On admire encore le superbe bâtiment des écuries, le manége couvert, surmonté d'une galerie; la grotte servant d'abreuvoir, la façade du château décorée de trois ordres d'architecture, la terrasse du comble, les deux pavillons des extrémités, les fossés, la terrasse de la cour, le bassin, l'orangerie, etc.

Depuis quelques années, le parc, qui a mille arpents et qui s'étend à une demi-lieue sur le bord de la Seine, a été divisé en petites propriétés d'un demi-arpent, qui sont vendues à longs termes. Quelques portions de bois ont été réservées à distance pour offrir aux acquéreurs des promenades variées, dont ils ont la jouissance, ainsi que celle des belles avenues qui coupent le parc. Des littérateurs, des artistes, des hommes du monde, de petits rentiers s'y sont fait construire des cottages anglais, des chalets suisses, des maisonnettes gothiques, qu'on aperçoit de loin, et qui sont abondamment pourvues d'eau par une machine hydraulique, située à 250 mètres en amont du pont, et remontant à l'origine du château. L'architecte de cette colonie artistique est M. Charles

Duval, à Maisons Laffitte, et rue Cadet, 13, à Paris. — *Hôtels restaurants* de Maisons : *L'Aigle d'Or* et le *Petit-Hâvre*.

5. SARTROUVILLE (RIVE DROITE).

Arrondissement de Versailles. — Canton d'Argenteuil. — Population, 1,700 habitants.

Ce village est situé à trois lieues trois quarts N. de Versailles, et à trois lieues et demie N. O. de Paris, dans une position agréable, à droite de la route départementale de Bezons à Poissy, et en aval du pont de Maisons.

Lorsque les rois de France, dit l'abbé Lebeuf, eurent donné aux abbayes de St-Denis et d'Argenteuil les terrains incultes du voisinage, entre autres la forêt *Cormoleta*, qui couvrait les coteaux qui séparent Epinay de Cormeille, on essaya de planter des vignes sur les versants exposés au midi. Le vin qu'on y récolta fut excellent; et la première demeure que fonda ce peuple de vignerons fut le village de Sartrouville. Le clocher de l'église, construit en pierre de taille, est remarquable par son élévation, sa délicatesse et sa légèreté. Le temple a des parties qui paraissent remonter au onzième siècle.

A cette époque, le monastère d'Argenteuil était en partie seigneur de Sartrouville; l'abbaye de Saint-Denis lui succéda. Avant l'an 1660, quand on s'apercevait que les chenilles dévastaient les raisins, il était d'usage de promener le Saint-Sacrement dans les vignobles. L'évêque, M. de Gondi, défendit la cérémonie. Il fut arrêté alors qu'on ferait seulement l'exorcisme des vers dans un carrefour de la campagne, et qu'on irait ensuite chanter dans l'église la messe *de necessitatibus*, pendant laquelle le Saint-Sacrement resterait exposé.

Sartrouville a plusieurs jolies maisons de plaisance, entre autres celle de la *Vaudoire*, au S. O., à une petite distance du village, et des carrières de pierre de taille exploitées. Les asperges de cette commune jouissent d'une grande réputation.

6. LA FRETTE (RIVE DROITE).

Arrondissement de Versailles. — Canton d'Argenteuil. — Population, 450 habitants.

Ce petit village, distant de cinq lieues un quart N. de Versailles, et de quatre lieues et demie N. O. de Paris, ne se compose que d'une rangée de maisons qui borde par intervalle le chemin de halage, et qui s'adosse à un coteau escarpé dont on extrait des matériaux de construction. On retire aussi annuellement près de 40,000 tonnes de plâtre des carrières de la Frette et d'Herblay. Les habitants de ce village font en outre le commerce des grains, et cultivent des figuiers, dont les produits sont recherchés des gourmets de Paris.

La Frette, en latin *Freta*, possédait autrefois un port considérable sur la Seine, d'où l'on expédiait pour la Normandie les vins des environs de Paris. Il y avait une chapelle dédiée à Saint-Nicolas, le patron des mariniers.

7. HERBLAY (RIVE DROITE).

Arrondissement de Versailles. — Canton d'Argenteuil. — Population, 1,600 habitants.

Ce village, dont le nom est écrit quelquefois Erblai ou Arblai, est situé en dehors et vers le N. E. de la presqu'île couverte par la forêt de Saint-Germain, à huit lieues N. de Versailles, et cinq lieues N. O. de Paris. Ses maisons étaient autrefois groupées autour de l'église. Aujourd'hui elles sont en grande partie disséminées dans la campagne. Celles que nous voyons sur le bord du fleuve forment le hameau du *Val*. De là, il faut gravir une rampe fort rapide pour gagner la route de Paris à Rouen par Pontoise, et arriver à l'endroit qu'on nomme la *patte d'oie d'Herblay*.

L'église, ornée de fresques, est surmontée

d'un clocher massif, dont la construction remonte au douzième siècle.

Herblay était une cure au treizième siècle. Son nom latin est écrit, dans un document de 1210, *Erbiedum* et *Erbleium*. C'était une des plus considérables des environs de Paris. Pourtant en 1470 elle ne comptait que 50 habitants; mais la plupart des cures voisines en avaient encore moins.

Il y avait alors à Herblay, sans compter plusieurs fiefs particuliers, trois seigneurs principaux, tous trois, hauts, moyens et bas justiciers, le chapître de Paris, l'abbaye de Saint-Denis, et un seigneur laïque, qui appartint successivement aux familles Chaumont, Allegrin, Le Prevost et Boisseret. Les historiens de l'époque prétendent que le vin du cru, étant gardé, pouvait lutter avec le Bourgogne. Il a bien changé depuis. Mais les carrières de plâtre et de pierre de la localité ont conservé leur réputation et font la richesse des habitants. Le plâtre est expédié par eau à Compiègne, à Rouen et ailleurs. Ce fut des carrières d'Herblay qu'on tira, en 1739, les pierres qui servirent à la construction de la magnifique fontaine de la rue de Grenelle-Saint-Germain, à Paris, et plus tard celles qui formèrent le portail de l'église Saint-Louis à Versailles. L'Hôtel-de-Ville actuel de Paris est encore bâti avec ces pierres.

Le château, autrefois seigneurial, est d'ancienne construction. Un beau jardin anglais l'avoisine. Il possède une terrasse de plus de trois cents pieds au-dessus des eaux de la Seine. Le parc a trente arpents environ. On a bâti une jolie maison de campagne sur les ruines d'un autre château. Un peu en aval on passe devant trois îles, couvertes de belles plantations. Dans l'une on voit deux moulins appartenant à la commune. Les fruits et les légumes des environs sont excellents.

Herblay a vu naître les deux frères Etienne et Michel Fourmont, habiles professeurs, l'un d'arabe, l'autre de syriaque, au collége de France, et tous deux, de l'Académie des inscriptions et belles-lettres.

8. CONFLANS STE-HONORINE (RIVE DROITE).

Arrondissement de Versailles. — Canton de Poissy. — Population, 1,100 habitants.

C'est un grand et beau village, situé à quatre lieues et demie N. de Versailles et à six lieues N. O. de Paris, un peu au-dessus du confluent de la Seine et de l'Oise, circonstance à laquelle il doit probablement son nom. Cette dernière rivière prend sa source dans les Ardennes, près de Rocroy, arrose Guise, devient flottable à la Fère, navigable à sa jonction avec l'Aisne, au-dessus de Compiègne, passe à Pont-Saint-Maxence, Creil, Beaumont et Pontoise, traçant de grandes sinuosités au pied de riches vignobles, et offrant, dans un cours de soixante lieues, quatorze kilomètres de flottage et cent vingt-deux de navigation, aidés d'écluses et de barrages.

Dès le neuvième siècle, Conflans était célèbre par deux tours seigneuriales, ou deux châteaux, à l'ombre desquels les serfs cherchaient protection, et qui appartenaient aux évêques de Paris. Mais ce qui contribua surtout à l'accroissement de ce lieu, ce fut la fondation d'un prieuré. On y conservait de temps immémorial les restes sacrés de sainte Honorine, dont on ignore les actes et la vie. L'apparition des pirates normands qui, sous le règne de Charles-le-Simple, remontèrent la Seine, se dirigeant vers Paris, jeta l'épouvante parmi les moines du couvent; ils s'enfuirent emportant les reliques de la vierge martyre, et coururent les confier en dépôt aux habitants de Graville, près d'Harfleur. La présence de la sainte ne tarda pas à se révéler par des miracles ; on affluait de toutes parts. Jaloux de cette prospérité, le diocèse de Paris, dès que le danger fut passé, réclama les précieuses reliques, qui furent rapportées en grande pompe à Conflans ; mais la foule continua de se porter au sarcophage resté vide à Graville.

L'abbaye et l'église paroissiale avaient été construites sur la colline; cette dernière existait au douzième siècle. Des deux tours dont nous avons parlé, la plus grande, de forme carrée, s'appelait *le Vieux Château* ou *la Baronnie;* l'autre, *le Château Neuf* ou simplement *la Tour*. Les seigneurs de ces deux forts furent d'abord les comtes de Beaumont-sur-Oise, qui en faisaient hommage aux évêques de Paris, et qui devaient, le jour de leur intronisation, porter à l'église ces prélats sur leurs épaules. Cette seigneurie passa plus tard dans la maison de Montmorency. Puis il y eut un seigneur pour chaque château et même plusieurs, mais relevant tous de l'évêque. Au commencement du quinzième siècle, Charles d'Albret possédait *le Château Neuf;* et la maison d'Anglure, *le Vieux Château* ou *la Baronnie*. La famille de la Trimouille les réunit en 1551; mais, en 1650, *le Vieux Château* tomba à Charles de la Grange, et *le Neuf* à la maison de Tillières, dont une fille le porta, par mariage, au comte de Tavannes.

Cependant le prieur du monastère de Sainte-Honorine était chaque année seigneur du lieu pendant quarante-huit heures, depuis la veille de l'Ascension, à midi, jusqu'au lendemain de la fête, à la même heure. Le jour de la fête, la châsse de la sainte était promenée solennellement dans la paroisse; et chaque cabaretier lui devait l'hommage d'une pinte de vin, qu'on appelait *la*

Pinte aux Ribauds. On promène encore la châsse, mais *la Pinte aux Ribauds* ne se paie plus.

Aujourd'hui on ne voit plus que les ruines des deux vieilles tours. Sur l'emplacement du prieuré s'élève un château avec un parc de soixante-dix arpents, qui s'étend du village au confluent des deux rivières. Dans les environs, on visite le hameau de Chenevières, dont le château a été démoli, et le château de Neuville, encore debout sur le bord de l'Oise. Du coteau qui domine le village, on jouit d'une vue agréable et fort étendu. Il y a dans les alentours des carrières de pierre de taille et des grottes curieuses pour les stalactites qu'elles contiennent. L'église, de constructions diverses, avec son clocher du onzième ou du douzième siècle, au plein cintre grave et imposant, offre au voyageur son profil pittoresque. Il y a dans la commune une raffinerie d'étain et de cuivre; on y fabrique du bronze, du laiton et du métal de cloche, pour lesquels les jurys d'exposition ont décerné des médailles à MM. Cartier fils et Adolphe Guérin.

Le bac, sur lequel on passait autrefois la Seine, était d'un bon produit pour les seigneurs et plus tard pour les entrepreneurs eux-mêmes. Aujourd'hui la route royale de Pontoise à Versailles passe sur un pont suspendu, dont le péage a été concédé pour soixante-dix ans. Il a trois travées, celle du milieu de 76 mètres, chacune des deux autres de 3. Les deux piles qui séparent ces travées ont chacune seulement 1 mètre 50 centim. d'épaisseur. Ce pont, d'une élégance et d'une hardiesse rares, est dû à M. Seguin. Un autre pont, d'après le même système, a été établi, en 1839, sur l'Oise, à son confluent avec la Seine.

9. ANDRESY (RIVE DROITE).

Arrondissement de Versailles. — Canton de Poissy. — Population, 1,000 habitants.

Grand village, d'un aspect riant, dans une situation très-agréable, à peu de distance du confluent de l'Oise, à quatre lieues et demie N. N. O. de Versailles et un tiers de lieue N.

de Poissy, formant, avec les hameaux de Beaulieu, Trélant et Denonval, une rue de trois quarts de lieue de long, qu'on ne peut apercevoir du bras navigable de la Seine, à cause des deux îles qui l'en séparent, lesquelles ont plus de trois quarts de lieue et sont couvertes de plantations élevées.

L'origine de ce village remonte à une époque fort reculée; il est bâti sur l'emplacement de l'ancien *Andertianum*, depuis *Andresiacum*, que Jules César visita, et où les Romains entretenaient une flotte pour contenir le pays. C'était alors une position fort importante. Dès le commencement du quatrième siècle, il s'y faisait un grand commerce. Les Romains y avaient deux préfets de la navigation, dont l'un, résidant à Paris, portait le titre de *præfectus classis Andertianorum Parisiis*. Les Normands et les Anglais s'établirent aussi sur ce point qui les rendait maîtres des approvisionnements descendant l'Oise et remontant la Seine. Ce fut plus tard une baronnie avec maison seigneuriale, dont le chapitre de Notre-Dame de Paris était propriétaire. Ce fut aussi un des villages choisis pour les conférences qui devaient précéder la conversion de Henri IV. On y voit des restes de portes et des ruines de tours qui annoncent que ce lieu a dû être considérable autrefois et bien fortifié. L'ancien château est remplacé par une jolie maison de campagne qui a appartenu à la veuve du général comte Le Pic.

L'église, dont la construction est fort gracieuse, ne remonte pas au-delà du treizième siècle. On y remarque d'élégantes galeries intérieures et un portail surmonté d'un clocher, admirable pour la légèreté de son architecture.

Le vignoble qui couvre la côte s'étendant derrière Andresy, est justement célèbre et donne le meilleur vin du canton. Il est l'objet d'un commerce assez considérable pour la localité.

10. ACHÈRES (RIVE GAUCHE).

Arrondissement de Versailles. — Canton de Saint-Germain. — Population, 450 habitants.

C'est un petit village situé au N. O. de la forêt de Saint-Germain, entre les murs de cette forêt et la Seine, à une lieue N. de Poissy, une lieue trois quarts N. de Saint-Germain et cinq lieues N. de Versailles. Son terrain sablonneux est peu propre à la culture. On y recueille pourtant quelques grains, qui, avec un peu de bétail, constituent le commerce de la localité. La tradition y perpétue le souvenir des revues qu'y passait dans la plaine le grand roi

Louis XIV, et des évolutions qu'il y faisait souvent faire à des troupes nombreuses.

11. CARRIÈRES SUR POISSY (RIVE DROITE).

Arrondissement de Versailles. — Canton de Poissy. — Population, 450 habitants.

Ce village, situé à trois lieues et demie de Versailles et sept lieues de Paris, n'offre de remarquable que le château de Champs-Fleuris, qui a appartenu à madame la comtesse de Boisgelin.

12. POISSY (RIVE GAUCHE).

Arrondissement de Versailles. — Canton de Poissy. — Population, 3,000 habitants.

Cette ville est située à trois lieues et demie N. N. O. de Versailles, une lieue N. O. de Saint-Germain, et cinq lieues et demie O. N. O. de Paris, dans une position agréable, à l'extrémité S. O. de la forêt de Saint-Germain. Il comprend les hameaux de Migneaux, de Bethmont, et l'ancien fief de Villiers.

Son premier nom, *Pisciacum*, semble indiquer un établissement de pêcherie. Quoiqu'il en soit de cette origine, Poissy devait être déjà considérable en 868, puisque Charles-le-Chauve y tint une assemblée générale des grands et prélats de son royaume. L'histoire ne dit pas si les rois de France avaient alors un château à Poissy, mais on sait qu'ils y en possédaient un à la fin du dixième siècle, puisque Robert, fils de Hugues Capet, qui monta sur le trône en 997, y faisait, disent les chroniques, de fréquents séjours à son *hôtel de Campagne*, et que sa femme, Constance, connue par son caractère impérieux et cruel, en avait un autre contigu au sien. Un jour, un pauvre demande l'aumône au prince, celui-ci détache de sa lance un ornement d'argent fort riche dont la reine lui a fait présent, le met dans son sac et lui recommande bien d'éviter la reine en s'en allant.

Après la mort de Robert, Constance se révolte contre Henri, fils aîné et successeur du roi. Plusieurs villes, entre autres Poissy, lèvent l'étendard de la révolte. C'était alors une place considérable, d'autant plus importante qu'elle était voisine de la capitale. Henri, aidé du duc de Normandie que sa cruauté fit surnommer *Robert-le-Diable*, et de plusieurs autres vassaux fidèles, marcha contre les rebelles et leur enleva la ville.

Au treizième siècle on voit un *Robert de Poissy* prendre la croix pour aller exterminer les Albigeois. Quelque temps auparavant, saint Louis y avait été baptisé. Y était-il né? Beaucoup d'historiens disent oui ; Montfaucon et Baillet pensent le contraire. Quoi qu'il en soit, le saint monarque conserva toujours une prédilection particulière pour ce lieu, et il aimait à signer *Louis de Poissy*. Il fit construire le pont de pierre qui existe, et établit dans la ville le grand marché de bestiaux qui alimente la capitale.

En 1304, Philippe-le-Bel dota Poissy d'une belle église et d'un couvent de religieuses ursulines. Le monastère n'avait d'autres juges que le roi, ou son parlement. Une tradition porte qu'il fut construit sur l'emplacement du château, et que le maître-autel occupait le lieu même où était le lit de la reine Blanche quand elle accoucha de saint Louis. C'est pour cela, ajoute-t-on, qu'il n'est pas orienté suivant l'usage. Philippe voulut qu'après sa mort son cœur y fût déposé. L'édifice fut terminé en 1330 par Philippe de Valois. En 1346, sous le règne de ce dernier prince, les Anglais, secondés par Charles-le-Mauvais, roi de Navarre, s'emparent de Poissy, qui échappe comme par miracle aux flammes qui ravagent Saint-Germain, Rueil, Nanterre, etc. Sous Jean, son successeur, cette ville est, par le traité de 1359, restituée à la couronne ; mais elle retombe au pouvoir des Anglais en 1419, pendant la démence de Charles VI, ainsi que Saint-Germain et plusieurs autres villes.

Mais ce qui a rendu surtout cette localité célèbre dans l'histoire de France, c'est le fameux colloque de Poissy, que réclamèrent, en 1561, les états-généraux pour mettre fin aux controverses des catholiques et des protestants, et qui eut lieu dans le réfectoire du couvent des Ursulines. Six cardinaux, trente-six évêques, un grand nombre de prêtres et de docteurs s'y rendirent. On remarquait parmi les protestants Théodore de Bèze, l'ami de Calvin, et Pierre Martyr Vermiglio, de Florence, chef alors du temple de Zurich. Le roi Charles IX, entouré de sa mère, du duc d'Orléans, du roi et de la reine de Navarre, et des grands officiers de la couronne, assista aux deux premières conférences les 9 et 16 septembre. Mais, sur l'avis du cardinal de Ferrare Hippolyte d'Este et du légat du saint-siége, qui influencèrent Catherine de Médicis, il ne se présenta plus aux conférences suivantes. On désirait pourtant arriver à un résultat : les chefs des deux partis commencèrent à discuter méthodiquement, mais bientôt ils en vinrent aux injures. Théodore de Bèze s'abandonna à ses emportements et avança contre l'eucharistie des opinions qu'il regretta plus tard. Le jésuite espagnol Laîné traita les protestants de *loups*, de *singes* et de *serpents*. A la quatrième séance les catholiques et les protestants ne furent plus mis en présence, la Sorbonne ayant condamné une profession de foi de l'église réformée qui avait pour but la fusion des deux partis. Tout espoir de conciliation fut donc anéanti, et il ne résulta de cette tentative, à laquelle se rattachaient beaucoup d'espérances, que de nouvelles haines et de nouveaux ferments de guerre civile.

Il y avait à Poissy, avant la révolution, un couvent de Capucins, un de religieuses dominicaines et un d'Ursulines. Huit princesses du sang royal avaient été abbesses du second de ces monastères. Ils ont tous disparu avec la révolution.

L'église paroissiale passe pour avoir été bâtie par le roi Robert; et pourtant son architecture ne paraît pas remonter au-delà du douzième siècle. Elle a 66 m. 59 c. de long sur 32 m. 48 c. de large et est divisée en trois nefs. Cette église, d'une architecture gothique fort riche, n'a jamais été achevée. Il y manque le portail, on y entre par un côté. Elle est surmontée de deux clochers assez beaux. Dans une chapelle de la nef, à gauche, on montre les fonts sur lesquels saint Louis fut baptisé. On a attribué longtemps à la raclure de ces fonts, versée dans un verre d'eau, la vertu fébrifuge. Une pompeuse inscription latine, gravée sur une table de marbre, atteste les miraculeux effets de ce breuvage. Les vitraux de la même chapelle représentent l'accouchement de la reine Blanche, mais ils sont bien postérieurs à l'événement. Au milieu du chœur est une tombe en cuivre, dans laquelle reposent *Philippe* et *Jean de France*, fils de Louis VIII et de Blanche de Castille, deux princes morts à la fleur de l'âge.

A Poissy existe encore un hôpital fort ancien. Napoléon ayant décrété que chaque département aurait un dépôt de mendicité, celui de Seine-et-Oise fut fixé à Poissy, dans un édifice construit avec les matériaux et sur l'emplacement du couvent des religieuses de Saint-Dominique. Il est composé de deux bâtiments parallèles à quatre étages. Ce dépôt a été converti depuis en une maison de détention pour 800 condamnés.

Vers ce temps, Poissy, en échange de ses vieux murs et de ses vieilles tours qui tombaient en ruines, obtint un marché très-renommé et très-fructueux. Au reste, cette ville en possédait un depuis le treizième siècle. Il fut considérablement accru quand on lui adjoignit le marché de bestiaux pour l'approvisionnement de Paris, qui se tenait au village du *Val de Gally*, dit *Choisi-aux-Bœufs*. Mais, sous Louis XIV, il éprouva une fâcheuse atteinte : le ministre Colbert, qui venait d'acquérir la terre de Sceaux, y fit transférer le marché de Poissy par lettres patentes de Louis XIV. Cependant, à la mort du ministre, les habitants réclamèrent ; et les bouchers de Paris se joignirent à eux. Le duc du Maine, à qui appartenait la terre, n'apporta aucun obstacle à cette demande ; il se contenta de garder un marché à Sceaux ; et celui de Poissy fut rétabli par nouvelles lettres-patentes de Louis XIV.

Ce marché se tient le jeudi de chaque semaine. Une caisse, modèle de ce que peut, en fait de police, une administration sage, est établie à Poissy, au compte et au profit de la ville de Paris. Elle est instituée pour payer comptant aux marchands de bestiaux le prix de ceux qu'ils vendent aux bouchers du département de la Seine, et pour avancer aux bouchers le montant de leurs achats jusqu'à concurrence du crédit ouvert à chacun d'eux par le préfet de la Seine. Indépendamment de ce marché, il s'en tient deux autres le mardi et le vendredi. Ils sont beaucoup moins importants. On évalue la consommation annuelle de Paris à 80,000 bœufs, 80,000 veaux et 350,000 moutons.

Le pont très-étroit qui forme la continuation de la rue que suit la route royale de Paris à Cherbourg, n'est remarquable que par son développement d'un tiers de lieue, à cause des îles qu'y forme la rivière, et par la chaussée qui le prolonge dans la plaine afin d'obvier aux inondations. On y jouit d'une vue magnifique. Tout flanqué de moulins à farine, tout enveloppé de grands filets à mécanique pour la pêche, il donne une bien triste idée de l'architecture de l'époque où il fut construit. Il a 37 arches de 1 à 16 mètres, formant une ouverture totale de 287. Les trois arches en charpente remplacent, dit-on, celles que Mayenne fit rompre en 1589 pour protéger sa fuite lors de la prise de Poissy par Byron, qui la livra au pillage comme coupable d'avoir refusé d'ouvrir ses portes à Henri III et à Henri IV. On essaya aussi, mais en vain, d'y arrêter la marche des ennemis lors de la désastreuse invasion de 1815.

Sur la rive droite, en aval du pont, est une station de la galiote de Rolleboise, véritable arche de Noé des nourrices et de la petite propriété, arche de salut des Normands économes qui vont revoir leur patrie.

Poissy n'est qu'une grande rue qui s'étend de la forêt de Saint-Germain au pont. La nouvelle place du marché est très-régulière et magnifique. La ville est environnée de terres labourables et de riches prairies. Outre le mouvement commercial que lui imprime son marché de bestiaux, elle doit encore des produits assez abondants à sa maison de détention, dont les hôtes sont assujettis à des travaux divers, et qui jette dans la consommation une grande quantité d'objets de serrurerie, bijouterie fausse, ébénisterie, chapellerie de soie et de feutre, corroierie, cordonnerie, habits, bonneterie, ciselure en bronze, recordage de coton et tissage, coutellerie, perles dorées, chaussonnerie de tresses, etc. Il y a en outre à Poissy une féculerie et une distillerie dont les produits ont mérité dans nos expositions des récompenses à M. Dubruel, et une fabrique de toiles. On ne doit pas oublier de visiter le moulin mécanique en fer qui moud de 20 à 25,000 sacs de blé par an. Il se fait, en outre, dans ce lieu, un commerce important de blé, farine, ainsi que de pierres calcaires exploitées dans les carrières voisines.

Hôtels: de Rouen, de la Marine. — *Restaurants*: Maréchal, Mercier.

13. VILLAINES (RIVE GAUCHE).
Arrondissement de Versailles. — Canton de Poissy. — Population, 300 habitants.

Petit village à quatre lieues de Versailles et à six lieues et demie O. N. O. de Paris, dont la seigneurie a appartenu à la famille Gilbert des Voisins, célèbre dans les fastes de la magistrature.

14. MÉDAN (RIVE GAUCHE).
Arrondissement de Versailles. — Canton de Poissy. — Population, 200 habitants.

Petit village, à quatre lieues de Versailles et à sept lieues N. O. de Paris, avec un joli château et un très-beau parc.

15. VERNOUILLET (RIVE GAUCHE).

Arrondissement de Versailles. — Canton de Poissy. — Population, 900 habitants.

Ce village, situé à quatre lieues et demie de Versailles et à huit lieues un quart de Paris, sur une des collines qui bordent la Seine, n'offre de curieux aux voyageurs que le château du comte de Talleyrand, remarquable par la distribution des jardins et du parc, l'abondance et la disposition des eaux qui les arrosent. Dans les grandes inondations, le fleuve envahit la plaine qui le sépare du village.

Le territoire de la commune est renommé pour ses pêches et ses abricots.

16. VERNEUIL (RIVE GAUCHE).

Arrondissement de Versailles. — Canton de Poissy. — Population, 600 habitants.

Ce village, situé à cinq lieues de Versailles et à huit lieues et demie de Paris, est remarquable par son château, dont la position, sur une des collines qui bordent la Seine, est une des plus agréables des environs de la capitale. Il est entouré de bois considérables, et l'on y arrive par de belles avenues. C'est aujourd'hui la propriété de madame de Morfontaine, fille de Lepelletier de Saint-Fargeau. On y visite deux autres jolies maisons de campagne, dont l'une est l'ancien fief du *Petit-Bazinval.*

17. TRIEL (RIVE DROITE).

Arrondissement de Versailles. — Canton de Poissy. — Population, 2,000 habitants.

Ce bourg, situé à quatre lieues de Versailles et à sept lieues trois quarts N. O. de Paris, sur le penchant d'un ravissant coteau et au milieu de bosquets et de vignobles, offre, avec ses nombreuses maisons blanches et sa gracieuse église, l'apparence d'une jolie ville. La principale rue, parallèle à la Seine, n'est qu'un long passage pour la route royale de Paris à Cherbourg. Elle se trouve comme adossée au coteau qui s'étend d'Andresy à Meulan, et qu'on appelle la *Hauteur de l'Authie*. Son point culminant est à 157 mètres au-dessus de la vallée.

Triel possédait un château qui appartenait à la princesse de Conti, et qui a été démoli à l'époque de la révolution. L'église s'élève sur le versant du coteau dans une situation pittoresque. On jouit d'une vue magnifique de la plate-forme qui lui sert de parvis. Plusieurs de ses chapelles renfermaient autrefois des reliques de saints particuliers au pays, tels que saint Egobille, premier disciple de saint Nicaise, et sainte Mille. On y admire encore aujourd'hui de beaux vitraux et un tableau original du Poussin, représentant l'*Adoration des Mages*, dont le pape avait fait don à la reine Christine de Suède, durant son séjour à Rome. A la mort de cette princesse, un de ses valets de chambre, nommé Poiltenet, en fit présent à Triel, son pays natal. On distingue aussi la beauté du chœur, qu'on croit avoir été bâti par François Ier, et sous lequel passe une rue voûtée qui conduit à la mairie.

Triel a un hospice situé sur le bord du fleuve et desservi par des sœurs de charité. L'édifice est digne de sa destination et fort bien entendu dans ses petites proportions. Le bourg comprend les hameaux de Pise-Fontaine et de Chevercbemont. Il possède un marché. On y exploite des carrières de grès, moellons et de plâtre, dont une partie est cuite à fours clos, l'autre embarquée; il existe un petit chemin de fer pour cette exploitation. Les extractions de plâtre de Triel et de Vaux s'élèvent annuellement à cinquante mille tonnes. Triel envoie à Paris d'excellents fruits et surtout de délicieux abricots. On y récolte, en outre, beaucoup de vin, mais d'une qualité très-inférieure. Un pont suspendu remplace le bac sur lequel on traversait la Seine à Triel.

18. VAUX (RIVE DROITE).

Arrondissement de Versailles. — Canton de Meulan. — Population, 1,000 habitants.

Ce village, situé à six lieues et quart N. N. O. de Versailles, neuf lieues N. O. de Paris et trois quarts de lieue E. de Meulan, est admirablement encadré par les coteaux qui le dominent. La grande route de Paris à Caen le traverse dans toute sa longueur. On y remarque un ancien château que le duc de Praslin, ministre de Louis XV, avait embelli splendidement, et plusieurs jolies maisons de campagne, entre autres celle dite de *Beauregard*, et l'habitation du sculpteur Marochetti, d'où sortent tous ses chefs-d'œuvre, car il n'a pas d'atelier à Paris.

Ce fut dans cette commune que l'agriculteur Caillault fit, il y a quelques années, des essais importants pour l'économie rurale. Les petits pois et les fruits rouges y sont très-précoces. On les transporte à Paris, ainsi que le plâtre des carrières voisines.

Le hameau du Temple, à l'entrée du village, en fait partie, ainsi que Port-Mahon, principal point d'embarquement des plâtres, dont les carrières méritent d'être visitées. Il en est une creusée au sommet de la colline dont les produits descendent en wagons jusqu'aux bords de la Seine au moyen d'un plan incliné.

19. MEULAN (RIVE DROITE).

Arrondissement de Versailles. — Canton de Meulan. — Population, 2,000 habitants.

Cette ville, entourée de vignes et de prairies, à six lieues un quart N. N. O. de Versailles, trois lieues E. de Mantes et huit lieues N. O. de Paris, est dans une situation agréable, partie en amphithéâtre sur un coteau qui borde la Seine, partie dans une île du fleuve. Elle est traversée par la route de Cherbourg et par la petite rivière de Viourne, qui se jette dans la Seine au sortir de la ville.

Elle a soutenu plusieurs siéges : un en 842, sous Charles-le-Chauve ; un autre en 878, sous Louis-le-Bègue.

Vers l'an 880, Guillaume de Jumièges qualifie ce lieu de *Municipium Mallenti*. Ancienne capitale du pays Pincerais, qui s'étendait entre Mantes et Poissy, il eut beaucoup à souffrir des ravages des Normands, qui, après s'en être rendus maîtres, passèrent au fil de l'épée la garnison, les seigneurs et le comte du pays. En l'an 918, Charles-le-Simple donna au monastère de Saint-Germain-des Prés, entre autres biens, *cinq mans*, dans le territoire de *Mellant*. Vers le milieu du onzième siècle, Galeran, comte de Meulan, se révolta contre Henri I"". Son comté fut confisqué au profit du monarque, et réuni à la couronne.

Meulan, qui avait encore soutenu deux siéges, l'un, en 1110, sous Louis-le-Gros, un autre, en 1203, sous Philippe-Auguste, fut, en 1346, pris par les Anglais. Le roi de Navarre, Charles-le-Mauvais, s'en rendit maître par escalade, en 1359, à la suite d'un siége opiniâtre. En 1363, pendant la captivité du roi Jean et la régence de Charles V, son fils, il fut assiégé par le brave Bertrand Duguesclin. La ville et les ponts s'étaient rendus; mais la forteresse annonçait la résolution de tenir longtemps; le gouverneur repoussait toute sommation. « Je vous signifie et commande, lui dit alors Duguesclin de par notre régent de

France, de rendre la tour, ou, par la foi que je dois à Dieu, je d'ici ne partirai, si l'aurai prise avant. » Et le gouverneur lui répondit : « Sire, je crois qu'avant que vous puissiez entrer en cette tour, il vous faudra apprendre à voler haut. » On était sur le point de lever le siége. Duguesclin, poussé à bout par l'opiniâtreté de la garnison, fit miner la tour qui s'écroula. La troupe alors mit bas les armes, et on l'envoya prisonnière à Paris.

Meulan fut encore pris par le duc de Bourgogne en 1417. Les Anglais, maîtres de Mantes, l'attaquèrent en vain l'année suivante. Ils s'en emparèrent en 1423, après un siége de trois mois et demi. Enfin elle fut soumise par Charles VII, ainsi que le reste de la France, et donnée plus tard, comme Mantes, en apanage à Catherine de Médicis, par Henri II.

Meulan joua un rôle historique important pendant les guerres de la Ligue. Henri IV témoigna beaucoup de reconnaissance aux habitants qui lui étaient restés fidèles et l'avaient servi de leurs personnes et de leurs biens ; il leur accorda des récompenses, et la devise : *Très-fidèle au roi et à la nation*, qui a toujours été inscrite sur les étendards de la ville.

Les anciens comtes de Meulan étaient en même temps seigneurs de Mantes ; cette dernière ville dépendait de la première. Mais, dans la suite, on dit *comtes de Mantes et de Meulan*, parce que Mantes devint plus considérable.

Vers l'an 1189, Robert, comte de Meulan, accorda une commune à cette ville. Cette commune fut administrée par un maire et douze pairs, élus tous les ans. En 1320, la commune fut supprimée ; et le prévôt jouit du droit de diriger seul les affaires de la cité. En 1637 fut créé un corps de ville, composé d'un maire et de trois échevins, élus de deux ans en deux ans, d'un procureur du roi et d'un greffier ; mais ordinairement les charges de lieutenant-général, de prévôt et de maire, étaient réunies dans la même personne.

Il y eut de bonne heure, dans l'île dont nous avons parlé, un fort avec une église paroissiale, et un couvent de Bénédictins de la congrégation de Saint-Maur, sous le titre de Saint-Nicaise. Cette tour, dont on voit encore quelques ruines, fit nommer ce lieu l'*Ile du Fort*. Plus tard, un des abbés du monastère, ayant trouvé ce séjour agréable, voulut en avoir seul la propriété, et y fit bâtir une maison de plaisance. Le titre de prieuré fut transféré à une église de la ville. Pendant les troubles de la Ligue, ce fort avait été assiégé inutilement durant cinq semaines par les troupes de Mayenne.

En aval de cette île, il y en a une autre qu'on appelle *Ile Belle* ou *Delos*. Le savant académicien, abbé Bignon, bibliothécaire de Louis XV, l'enrichit de grandes constructions et de plantations magnifiques. On y voit une maison de campagne curieuse par sa position et par la distribution des appartements ; chacun a pris le nom du sujet qui y est représenté. Malheureusement ce séjour est fort déchu de son ancienne splendeur. C'est là que Louis XV, s'étant un jour égaré à la chasse, se présenta au batelier pour qu'il le passât à l'*Ile Belle*. « L'abbé y est-il? demanda le roi. — L'abbé? répondit le batelier. Il est bien assez *monsieur* pour vous apparemment. » Le monarque se promit de profiter de la leçon.

Sous Louis XIV, un couvent de religieuses de l'Annonciade s'était déjà établi à Meulan, sous la direction de sœur Charlotte du Puy de Jesus-Maria, favorite d'Anne d'Autriche, à qui, disent les historiens, elle avait prédit un dauphin, prédiction qui s'était accomplie.

Outre ce couvent des Annonciades et le prieuré de Saint-Nicaise, Meulan avait un couvent de *pénitents* de Saint-Jacques, un Hôtel-Dieu, et deux paroisses, Saint-Nicolas et Notre-

Dame. Cette ville n'a plus aujourd'hui que la paroisse de Saint-Nicolas ; Notre-Dame a été convertie en halle au blé ; Saint-Jacques a été abattu. Sur l'emplacement de l'Annonciade, il y a deux jolies maisons d'où l'on jouit d'une vue ravissante. L'Hôtel-Dieu a été conservé.

Les deux quartiers de Meulan, situés, l'un en terre ferme, l'autre dans l'*Ile du Fort*, et le village de Mureaux, sur l'autre rive, communiquent par un pont de pierre fort ancien, séparé en deux parties. La première, sur le bras navigable du fleuve, a douze arches de 168 mètres d'ouverture totale ; la seconde, treize arches de 73 mètres d'ouverture.

Meulan est la patrie de l'historien Rouillard et de l'académicien Garnache. On remarque sur le penchant de la colline plusieurs habitations charmantes, entre autres, la *Maisonnette* qui a appartenu à Condorcet, et où la marquise, sa femme, a laissé le souvenir de ses grâces, de ses talents et de ses délicieux concerts.

Cette ville possède des fabriques de bonneterie et de cardes, des tanneries, des corderies, de nombreux moulins à farine. Les cardes de Meulan ont obtenu des mentions honorables et des médailles aux diverses expositions. On exploite, aux environs, des carrières de pierre et de plâtre. — Commerce considérable de grains. — Foires de trois jours, le 28 octobre et la veille de l'Ascension. — *Hôtels :* de Sa Majesté, des Trois Maures et de l'Ange Gardien. — *Café :* Baucher.

20. LES MUREAUX (RIVE GAUCHE)

Arrondissement de Versailles. — Canton de Meulan. — Population, 800 habitants.

Ce village, situé sur la route départementale de Flins à Magny, et à l'extrémité du pont de la ville de Meulan, dont il semble être le faubourg, est à sept lieues de Versailles et huit lieues N. O. de Paris. Dans cette commune, à une lieue de Meulan, on voit le beau château de Bécheville, dont le parc est contigu au bois de Verneuil qui a appartenu au comte Daru.

21. MÉZY (RIVE DROITE)

Arrondissement de Versailles. — Canton de Meulan. — Population, 500 habitants.

Mézy, surnommée la *Jolie*, sur la grande route, à huit lieues de Versailles et dix lieues un quart N. O. de Paris, est une ancienne terre seigneuriale dont le château, dans une très-belle situation, a appartenu à la famille de Mézy. Le parc borde la route.

merce de légumes pour l'approvisionnement de Paris.

27. MANTES (RIVE GAUCHE).

Arrondissement et canton de Mantes. — Population, 4,000 habitants.

Mantes, surnommée la *Jolie*, chef-lieu de sous-préfecture et de canton, tribunal de première instance, est à huit lieues N. O. de Versailles et à douze lieues O. N. O. de Paris, sur le bord de la Seine, en face du bourg de Limay, dont elle est séparée par deux beaux ponts en pierre. Ses rues sont bien percées, propres et ornées de plusieurs fontaines, qu'alimente une source abondante, située de l'autre côté de la rivière. Cette ville est renommée pour l'air pur et salubre qu'on y respire. Sa position est vraiment délicieuse. Les promenades qui l'environnent sont charmantes.

On a voulu faire remonter l'antiquité de Mantes au temps des druides, parce qu'on voit dans ses armoiries un gui de chêne, mais les documents historiques manquent pour appuyer cette origine reculée. On peut toutefois fixer à une époque fort ancienne la fondation de cette ville, sur le lieu même désigné dans l'itinéraire d'Antonin sous le nom de *Petrum manso-*

lille, dont on y visite encore la modeste demeure.

Épone offre à l'antiquaire de vieux monuments, appartenant à l'époque celtique, à l'époque gallo-romaine, au moyen âge. Sur la hauteur, près de l'embranchement de la grande route et du chemin de la Falaise, on visite des tombeaux en plâtre, une petite tourelle antique, une église du douzième siècle, dont la porte latérale, à plein cintre, aux rosaces élégantes, mérite d'être étudiée ; le château des Créqui, tout plein de souvenirs chevaleresques ; enfin, une tête de guerrier romain, dessinée au charbon sur un mur, par le peintre David, pendant un séjour qu'il y fit avec Danton, chez Hérault de Séchelles.

24. MÉZIÈRES (RIVE GAUCHE).

Arrondissement et canton de Mantes. — Population, 1,000 habitants.

Ce village, à deux lieues S. E. de Mantes et neuf lieues trois quarts O. N. O. de Paris, est dans une belle situation, sur une colline près de la Seine. Son château mérite d'être visité. Il y a aussi une papeterie.

25. PORCHEVILLE (RIVE DROITE).

Arrondissement de Mantes. — Canton de Limay. — Population, 250 habitants.

Village peu considérable, à une lieue un quart de Mantes et treize lieues un quart O. N. O. de Paris. Il n'offre rien de remarquable.

26. LIMAY (RIVE DROITE).

Arrondissement de Mantes. — Canton de Limay. — Population, 1,500 habitants.

Ce bourg, situé au pied d'un coteau, sur la grande route de Paris à Caen, à treize lieues N. O. de la capitale et à huit lieues N. O. de Versailles, n'est séparé de Mantes que par la Seine, qu'on y traverse sur deux ponts, séparés par une île qui offre de frais ombrages et sert de promenade aux habitants des deux rives. On peut considérer Limay comme un faubourg de Mantes.

En 1376, Charles V fonda à Limay un monastère de Célestins, au milieu des rochers et des carrières de Saint-Aubin, et le dédia à la Sainte-Trinité. L'enclos et le coteau de cette maison étaient renommés par leur bon vin, réputation qui n'est pas entièrement éteinte dans le pays.

Outre le monastère des Célestins, Limay possédait avant la révolution un couvent de Capucins, situé à peu de distance du bourg. Le couvent des Célestins est aujourd'hui converti en une belle maison de campagne. Celui des Capucins est détruit, mais on visite l'ermitage si pittoresque de Saint-Sauveur, taillé dans le roc ; et tous les ans, le second dimanche de Carême, et le 6 août, il s'y fait un grand pèlerinage qui attire un nombreux concours d'habitants des communes voisines. Il existe encore dans les environs de Limay un rocher d'où coule une source si abondante, que, traversant les ponts au moyen de tuyaux de fonte, elle alimente les fontaines publiques de la ville de Mantes et plusieurs maisons particulières.

Il y a à Limay des carrières de pierre dure en pleine exploitation. Il s'y fait un grand commerce de légumes pour l'approvisionnement de Paris.

27. MANTES (RIVE GAUCHE).

Arrondissement et canton de Mantes. — Population, 4,000 habitants.

Mantes, surnommée la *Jolie*, chef-lieu de sous-préfecture et de canton, tribunal de première instance, est à huit lieues N. O. de Versailles et à douze lieues O. N. O. de Paris, sur le bord de la Seine, en face du bourg de Limay, dont elle est séparée par deux beaux ponts en pierre. Ses rues sont bien percées, propres et ornées de plusieurs fontaines, qu'alimente une source abondante, située de l'autre côté de la rivière. Cette ville est renommée pour l'air pur et salubre qu'on y respire. Sa position est vraiment délicieuse. Les promenades qui l'environnent sont charmantes.

On a voulu faire remonter l'antiquité de Mantes au temps des druides, parce qu'on voit dans ses armoiries un gui de chêne, mais les documents historiques manquent pour appuyer cette origine reculée. On peut toutefois fixer à une époque fort ancienne la fondation de cette ville, sur le lieu même désigné dans l'itinéraire d'Antonin sous le nom de *Petrum manso-*

MANTES.

P. 150.

tum. Au onzième siècle, c'était un château nommé *Medunta*, *Castrum Meduntæ*. Galleran, comte de Mantes et de Meulan, s'étant révolté contre Henri Ier, ce prince marcha à sa rencontre et le priva de son comté.

En 1087, Philippe Ier, faisant allusion à l'embonpoint dont le duc de Normandie, Guillaume le Conquérant, était incommodé, se permit de dire *qu'il était en couches et qu'on verrait de belles relevailles* ; et le Normand indigné *jura, par la splendeur de Dieu, qu'il irait faire ses relevailles à Notre-Dame-de-Paris avec dix mille lances en guise de cierges*. Comme à-compte de sa promesse, il envoie Asselin Goet détruire les moissons et arracher les vignes des Mantais ; puis, le lendemain, comme les bourgeois sortent pour aller constater le dommage, il arrive à l'improviste à la tête de ses gens d'armes et se précipite pêle-mêle dans la ville avec les habitants. Là il brûle impitoyablement le château, les églises, les maisons : beaucoup de bourgeois périssent dans l'incendie : une jeune religieuse, appartenant à l'église dédiée à la sainte Vierge, se laisse dévorer par les flammes en chantant la gloire de la mère du Christ.

Le duc poursuivait sa vengeance à travers les

décombres fumants, quand son cheval s'abat; il est blessé par le pommeau de la selle, et, au lieu d'aller faire *ses relevailles* à Notre-Dame-de-Paris, il termine, au prieuré de Saint-Gervais à Rouen, une vie déjà riche de hauts faits. En expirant il fait plusieurs legs et consacre particulièrement une somme considérable à la réédification des églises qu'il a brûlées à Mantes. Ces églises, construites en bois, comme la plupart de celles de l'époque, furent rebâties en pierre.

En 1092, Philippe Ier, pour récompense Eudes, évêque de Bayeux, de ce qu'il avait béni son mariage avec Bertrade, enlevée traîtreusement au comte d'Anjou, lui fit don de la principale église de la ville. Il donna le comté de Mantes à Louis, son fils aîné; puis, du consentement de ce dernier, à Philippe, fils naturel qu'il avait eu de Bertrade; mais ce nouveau possesseur s'étant fait abhorrer par ses brigandages, son frère, récemment couronné sous le nom de Louis VI, marcha en 1109 contre lui, s'empara de la ville, et l'en chassa.

Mantes fut donc pour la deuxième fois réunie à la couronne. Deux ans après, les habitants reçurent une charte de commune; ils eurent un maire, assisté de douze pairs; mais, par un édit du milieu du seizième siècle, les douze pairs furent plus tard remplacés par quatre échevins.

Blanche de Castille, mère de saint Louis, et Marguerite de Provence, sa femme, concoururent à l'embellissement de la principale église qui, depuis long-temps, était devenue collégiale. La toiture est due à Thibaud IV, comte de Champagne, roi de Navarre, seigneur de Mantes et gendre de saint Louis. Un autre roi de Navarre, Charles-le-Mauvais, y établit sa résidence sous Charles V.

Vers le milieu du quatorzième siècle, la ville fut prise par les Anglais. Duguesclin la reprit en 1363; mais, en février 1418, elle retomba au pouvoir des Anglais, qui la conservèrent jusqu'en 1449, époque glorieuse où fut terminée, sous le règne de Charles VII, cette longue et sanglante lutte entre les deux nations. Ce roi ajouta au gui de chêne des armoiries de Mantes la moitié de ses armes personnelles, composées d'une seule fleur de lis.

Déjà, dans les premières années du treizième siècle, cette ville avait brillé d'un grand éclat sous Philippe-Auguste, qui en affectionnait le séjour, et qui ne l'appelait que *sa ville bien-aimée*. Durant les guerres de Philippe avec Henri et Richard, elle rendit d'immenses services à ce prince ; elle fut son arsenal et le siége des grandes assemblées du royaume. Guillaume-le-Breton, l'auteur de la *Philippide*, fut élevé au collége de Mantes.

Durant les guerres de la Ligue, Henri IV y établit sa cour, bien pauvre à la vérité, car les valets du prince raccommodaient eux-mêmes les bottines et le pourpoint qu'il portait en campagne. A son retour du siége de Rouen, il y séjourna long-temps. Sur la demande des habitants, il fit abattre la citadelle. Plusieurs fois il y tint des chapitres de l'ordre du Saint-Esprit. Il y reçut, en 1594, Louise de Lorraine, reine douairière de France. Par son ordre, le surintendant des finances d'O, l'homme alors le moins occupé du royaume, fit construire en 1590 les deux belles fontaines qui décorent la ville. Deux autres ont été élevées depuis : la plus remarquable est celle qu'on voit devant l'Hôtel-de-Ville.

Parcourons quelques autres faits qui appartiennent à cette localité. En 1591, Mantes est le siége d'une assemblée du clergé ; le Châtelet de Paris s'y retire en 1592 ; l'année suivante, il s'y tient des conférences dogmatiques entre le cardinal Duperron et Michel Hérault, évêque de Montauban ; en 1596, le grand conseil est transféré à Mantes ; enfin, en 1641, le cardinal de Richelieu y convoque une nouvelle assemblée du clergé.

Il y avait autrefois un château royal : Henri IV, comme nous l'avons vu, l'habita à plusieurs reprises ; Louis XIII y séjourna en allant tenir les états de Rouen ; Louis XIV et Mazarin l'habitèrent à leur tour, lorsqu'en 1652 ils vinrent à Mantes apaiser les troubles que les partisans de la Fronde avaient excités aux environs. Ce château fut ruiné de bonne heure. Au commencement du dix-huitième siècle, il n'y avait plus debout que les écuries et deux pans de la *tour de Gannes*. Ce qui en restait fut détruit en 1724 par ordre du duc d'Orléans, régent, son dernier propriétaire.

Mantes était autrefois le siége d'une élection. Il y avait en outre une prévôté, un bailliage, un présidial, une collégiale, trois paroisses, un Hôtel-Dieu, un hôpital et plusieurs couvents. On rapporte l'origine de celui des Cordeliers aux fréquents voyages qu'en 1226, première année de son règne, y fit Louis IX, ainsi que la reine Blanche. Ce monastère s'accrut considérablement, surtout par les libéralités de la maison de Créqui. On y comptait dans son origine trois cents religieux profès.

De 1506 à 1515, le cardinal d'Amboise, archevêque de Rouen, fit réformer les Cordeliers de Mantes. On leur enleva leurs plus riches propriétés. Pour s'en venger ils accusèrent le prélat d'avoir employé plus de 50,000 écus, somme considérable pour le temps, à embellir son château de Gaillon. Leur tabernacle, d'une belle forme et d'un travail précieux, leur avait été donné par un serrurier de Paris en échange d'une messe par an. Ils se vantaient d'avoir possédé saint Bonaventure, et montraient dans le clos du couvent une chapelle qu'ils disaient avoir été sa cellule.

De toutes ses églises Mantes ne conserve plus que son ancienne collégiale de Notre-Dame, qu'on découvre de neuf lieues de distance. C'est un monument gothique fondé par Jeanne de France, embelli par Blanche de Castille et saint Louis. La beauté et la hardiesse de sa construction méritent de fixer l'attention des hommes qui étudient l'histoire de l'art. Eudes de Montreuil, le grand bâtisseur de l'époque, en fut l'architecte. La nef est élevée de 33 m. 16 c. sous clef de voûte. Les larges galeries, régnant au-dessus des bas côtés dans le pourtour de la nef, forment comme une seconde église; autour du chœur, il y a six piliers d'une délicatesse remarquable. La charpente, en bois de châtaignier, est magnifique. Le portail, décoré d'un grand nombre de statues, se compose de trois portes et de deux tours fort élevées, dont une est attribuée aux Anglais. La tour de droite est d'une structure légère et élégante; le premier étage ne paraît soutenu que par des colonnettes fort minces; le second étage est étayé par une suite de tables de pierre, taillées en tuiles. La tour de gauche, autrefois semblable à l'autre, a été rebâtie vers la fin du quinzième siècle dans un style différent. Du haut de ces tours, quand le temps est clair, on distingue le Mont-Valérien et Montmartre. Le vainqueur de Bouvines, Philippe-Auguste, était abbé de cette église, que desservaient dans l'origine les chanoines de l'abbaye de Saint-Victor.

L'église de Saint-Maclou avait été construite des deniers provenant du halage des bateaux qui passaient les dimanches et fêtes sous le pont de Mantes: elle avait été commencée en 1340, et achevée en 1344. Il n'en reste qu'une tour élégante et élancée qu'on a conservée comme monument d'antiquité lors de la démolition de l'église. Les habitants admirent avec émotion ce muet témoin des combats qu'ont livrés leurs ancêtres pour la défense du sol natal.

L'Hôtel-Dieu et l'hôpital existent encore. Ils sont destinés, l'un aux malades, l'autre aux vieillards. On voit sur plusieurs points des restes des vieux murs qui formaient autrefois l'enceinte fortifiée de la ville, et, dans les environs, des ruines de tours et de bastions qui avaient été élevés pour la défendre contre les Normands.

Les deux ponts qui joignent Mantes et Limay, avec l'île qui les sépare, méritent de fixer l'attention des voyageurs. Celui de Limay a 10 arches en maçonnerie d'inégales dimensions, formant ensemble 80 mètres 90 centimètres d'ouverture. Celui de Mantes a 2 arches de 35 mètres 16 centimètres, et une de 28 mètres 79 centimètres. Sa construction simple, solide, élégante, est due à Perronnet, l'architecte du pont de la Concorde à Paris. Il a été élevé en 1760 pour remplacer l'ancien pont situé à 200 mètres plus haut, et qui menaçait ruine.

La Seine, en entrant dans la ville, reçoit la petite rivière de Vaucouleurs, qui depuis Septeuil alimente grand nombre d'usines ; elle embrasse plusieurs îles, dont la plus belle a des allées d'ormes formant une espèce de cours qui vient aboutir au pont.

Autrefois à Mantes avait lieu tous les ans, le jour de la Fête-Dieu, une procession solennelle qui attirait un grand concours de fidèles des campagnes environnantes. Tous les corps de métiers y figuraient avec les produits de leur industrie. C'était un coup d'œil singulier que ce bazar ambulant, exposé au bruit des hymnes sacrées, et se déroulant sur les places et dans les rues à travers la fumée de l'encens.

Comme annexes de Mantes n'oublions pas de citer *Mantes-la-Ville* (commune dont font partie le faubourg Saint-Lazare, le hameau de Chantereine, et plusieurs habitations écartées, telles que le château de Villiers); et le village de *Magnanville*, dont le superbe château fut vendu par M. Morel de Vindé, à condition que l'acquéreur le démolirait; celui-ci, M. le baron de Robillard, éleva le pavillon qu'on y voit. Le parc attenant est très-beau.

Mantes a une Bibliothèque publique de 3 à 4,000 volumes, et plusieurs pensionnats bien tenus. Cette ville paie son tribut à l'industrie par une Salpêtrerie dite royale, des tanneries renommées, des fabriques de couleurs et vernis, de verreries, draps, toiles, chandelles; par de nombreux moulins à farine, et par son commerce de grains, vins, eaux-de-vie, cuirs, etc. Elle a six foires de trois jours par an, le 22 juillet, les 1er et 14 septembre, le 9 octobre, le mercredi qui suit le 1er mai, et après la Saint-André.

Hôtels: le Grand-Cerf, le Cheval-Blanc, la Chasse-Royale.

28. GASSICOURT (RIVE GAUCHE).

Arrondissement et canton de Mantes. — Population, 300 habitants.

Village situé à demi-lieue de Mantes et quatorze lieues O. N. O. de Paris, dans une plaine, entre la route de Paris à Cherbourg et la Seine, qui forme en ce lieu une île, à laquelle on a donné le nom du village.

29. GUERNES (RIVE DROITE).

Arrondissement de Mantes. — Canton de Limay. — Population, 600 habitants.

Ce village, situé sur le bord de la Seine, à deux lieues de Mantes, n'offre rien de remarquable.

30. ROSNY (RIVE GAUCHE).

Arrondissement et canton de Mantes. — Population, 700 habitants.

Rosny, à une lieue et demie O. de Mantes et à douze lieues et demie O. N. O. de Paris, près de la forêt de ce nom, est caché aux regards du voyageur par les dépendances de son château, qui occupent deux îles sur la rive gauche du fleuve. Cette terre était une seigneurie très-considérable qu'Anne, fille de Hugues, comte de Meulan, apporta en dot, l'an 1529, à Jean de Béthune. Il fut le père de François de Béthune et l'aïeul de Maximilien (le Sully de Henri IV), qui naquit dans ce manoir le 15 décembre 1559.

Là, sous ces ombrages pleins de mystère et de fraîcheur, le Béarnais vînt, auprès de son ami, se reposer des fatigues des journées d'Arques et d'Ivry, et de la dangereuse blessure reçue à cette dernière bataille. Ces bois sont les rejetons de ceux que Sully fit généreusement abattre pour subvenir aux frais de la guerre que soutenait le roi; et celui-ci, en 1601, érigea en faveur de Sully la baronnie de Rosny en marquisat. Là ce grand ministre, dévoué à l'agriculture française, fit planter des mûriers par le célèbre Olivier de Serre, afin de démontrer, à l'aide de l'expérience, que cet arbre, indispensable à l'éducation des vers à soie, pouvait aisément s'acclimater dans cette partie de la France.

Sully faisait rebâtir en 1610 son château, quand il apprit la mort de Henri IV : « Je n'achèverai pas cette construction, dit-il, en fondant en larmes ; il faut qu'elle porte le deuil de la perte que la France vient de faire, d'un si grand roi, et moi, d'un si bon maître. »

Ce château, élevé en brique et en pierre, et flanqué de quatre pavillons carrés, présente quatre faces à peu près égales; il rappelle, par son aspect, les bâtiments de la place Royale à Paris, et porte le cachet de l'architecture du règne de Henri IV. Il est vaste, solidement construit; entouré de fossés larges et profonds, et placé au milieu d'un parc qui, d'un côté, longe la route de Cherbourg, de l'autre se termine au bord de la Seine, et renfermait jadis des animaux rares. Ce parc est contigu à un jardin anglais, embelli de ruisseaux, de cascades, de grottes, de kiosques. Les appartements sont décorés avec élégance. Derrière le village est l'entrée de la forêt dont nous avons parlé, qui a quatre mille arpents d'étendue, et dans laquelle Sully fit exécuter, pour subvenir aux dépenses guerrières de son maître, une coupe de cent mille livres, somme considérable pour l'époque.

Après la mort de Sully, Olivier de Senozan, receveur général du clergé, acquit cette terre, qui resta long-temps dans sa famille. Elle passa ensuite dans les mains d'un grand nombre de propriétaires, et fut vendue en 1817 par M. Archambault de Périgord, duc de Dino, à M. Mouroult, négociant de Paris, qui la revendit en 1818 à la duchesse de Berry. C'était le séjour que cette princesse affectionnait le plus; elle n'épargna ni soins, ni dépenses pour l'embellir. La chambre où naquit Sully avait été transformée en un cabinet d'histoire naturelle, remarquable par le choix des oiseaux. Le pays conservera long-temps le souvenir des fêtes brillantes qu'elle donna dans le manoir héréditaire de la famille de Rosny. Tous les pauvres de la contrée étaient ses enfants. Elle fit élever en 1820 une chapelle où, dans un cénotaphe de marbre blanc, fut déposé le cœur de son époux, tombé sous le poignard de Louvel, et fonda, tout à côté, un hospice de douze lits pour les indigents du village, rapprochement juste et touchant, dit M. Charles Nodier, car la bienfaisance est la source la plus féconde des consolations terrestres.

Le château de Rosny, mis en vente après l'exil de la branche aînée des Bourbons, a été acquis par un riche banquier anglais, M. Stone. Plus tard il a été acheté avec ses dépendances, par une réunion de capitalistes qui a vendu la terre par petites portions; on parle de la démolition du château.

31. ROLLEBOISE, ou ROBOISE (RIVE GAUCHE).

Arrondissement de Mantes. — Canton de Bonnières. — Population, 400 habitants.

Ce village, assez mal bâti, qui n'a qu'une seule et longue rue, et que traverse la route, à pente rapide, de Paris à Caen, est situé à deux lieues O. N. O. de Mantes et seize lieues O. N. O. de Paris, sur le penchant et au pied d'une colline escarpée, du haut de laquelle on jouit d'une vue magnifique, embrassant le cours sinueux du fleuve qui s'écarte de la route de la Normandie qu'il suivait depuis Poissy, et fait un détour immense pour venir la rejoindre à Bonnières, éloigné seulement d'une lieue de Rolleboise. Une énorme roche qui lui barre le chemin le force à faire ce détour. Du sommet du coteau l'œil s'égare à plaisir dans la plaine, depuis les deux belles tours de Mantes et les frais ombrages de Rosny, jusqu'aux pentes abruptes de la Roche-Guyon, qu'on aperçoit à l'extrémité de la presqu'île que forme le repli de la Seine.

Les antiquaires du pays font dériver l'ancien nom du village, *Routleboise*, de l'usage qu'avaient les habitants de faire rouler du haut de la côte le bois qu'ils embarquaient pour Paris. Nous sommes loin d'adopter pour notre part cette étrange étymologie. Ce qu'il y a de plus certain, c'est que la vieille tour en ruines dont on distingue les rares vestiges sur la pointe d'un roc, tout près de l'église, est le reste d'un vaste château-fort que défendirent trente mille Anglais et Navarrois, braves soldats commandés par Wantaire-Austrade, lieutenant de Charles-le-Mauvais. Dix mille bourgeois de Rouen le cernaient depuis quelque temps sous les ordres de Jacques-le-Lieur. Le siége traînait en longueur. Duguesclin accourut avec sa petite armée, électrisa les assiégeants, fit jouer la mine et rentra vainqueur dans la place dévastée.

Près de ces lieux, sur les bords de l'Eure, entre Évreux et Vernon, fut livrée, le 17 mars 1364, la célèbre bataille de Cocherel, où Duguesclin mit dans une déroute complète l'armée de Charles-le-Mauvais.

La position de Rolleboise, avec son église bâtie sur le haut de la colline, avec ses maisons confusément échelonnées sur son versant, est, sans contredit, une des plus pittoresques des bords de la Seine de Rouen à Paris.

Ce village n'a de nos jours d'autre célébrité que sa galiote qui vient de Poissy, célébrité plus que modeste, s'il en fut.

32. MÉRICOURT (RIVE GAUCHE).

Arrondissement de Mantes. — Canton de Bonnières. — Population, 300 habitants.

Ce petit village, qui n'offre rien de remarquable, est situé à deux lieues et demie de Mantes et dix-sept lieues O. N. O. de Paris.

33. MOUSSEAUX (RIVE GAUCHE).

Arrondissement de Mantes. — Canton de Bonnières. — Population, 450 habitants.

Encore un joli village, avec des eaux, de la

verdure, de l'ombrage, à deux lieues trois quarts de Mantes et dix-sept lieues un quart O. N. O. de Paris.

34. VÉTHEUIL (RIVE DROITE).

Arrondissement de Mantes. — Canton de Magny. — Population, 700 habitants.

Ce beau village, très-agréablement situé, à deux lieues N. O. de Mantes et seize lieues O. N. O. de Paris, était jadis défendu par un château-fort, dont il ne reste plus que des ruines. Son église, mélange gracieux de gothique et de renaissance, s'élève au milieu d'un groupe de maisons blanches. Son portail est décoré de jolies sculptures; l'intérieur est divisé en trois nefs.

Vétheuil a deux moulins, situés au confluent de deux petits ruisseaux qui débouchent dans la Seine en amont du village. Il possède, en outre, un four à chaux et des carrières de pierre de taille.

En face de Vétheuil, sur la rive gauche de la Seine, entre Mousseaux et Moisson, est le petit village de Lavacourt, qu'il ne faut pas passer sous silence.

35. MOISSON (RIVE GAUCHE).

Arrondissement de Mantes. — Canton de Bonnières. — Population, 900 habitants.

Gros village situé à trois lieues de Mantes et dix-huit lieues O. N. O. de Paris.

36. HAUTE-ILE (RIVE DROITE).

Arrondissement de Mantes. — Canton de Magny. — Population, 300 habitants.

Ce village, qui a pour annexe le hameau de Chantemerle, est situé à trois lieues un quart de Mantes, et dix-sept un quart O. N. O. de Paris, au bord de la Seine, sur un long banc de rochers, dans lequel on a creusé l'église, qui est une véritable curiosité, et un ancien château seigneurial, dont on voit les restes, et qui appartenait à un neveu de Boileau. Le poète y fit de fréquents séjours, et, pour payer l'hospitalité qu'il y recevait, un jour il écrivit ces vers dans sa sixième épître :

Oui, Lamoignon, je fuis les chagrins de la ville,
Et contre eux la campagne est mon unique asile :
Du lieu qui me retient veux-tu voir le tableau ?
C'est un petit village, ou plutôt un hameau,
Bâti sur le penchant d'un long rang de collines,
D'où l'œil s'égare au loin dans les plaines voisines.
La Seine, au pied des monts que son flot vient laver,
Voit du sein de ses eaux vingt îles s'élever,
Qui, partageant son cours en diverses manières,
D'une rivière seule y forment vingt rivières.
Tous ces bords sont couverts de saules non plantés,
Et de noyers, souvent du passant insultés.
Le village au-dessus forme un amphithéâtre.
L'habitant ne connaît ni la chaux ni le plâtre,
Et dans le roc, qui cède et se coupe aisément,
Chacun sait de sa main creuser son logement.

La maison du seigneur, seule un peu plus ornée,
Se présente au soleil, de murs environnée :
Le soleil en naissant la regarde d'abord,
Et le mont la défend des outrages du Nord.

Boileau, dans l'édition de ses œuvres, qu'il donna en 1702, avait mis en note ces mots : *Haute-Ile, petite seigneurie appartenant à mon neveu l'illustre M. Dongois.* Cet illustre Dongois était greffier en chef du parlement de Paris. C'est de lui que Voltaire a dit, dans son épître à Boileau :

Chez ton neveu Dongois je passai mon enfance,
Bon bourgeois qui se crut un homme d'importance.

Cette terre fut vendue, en 1748, au duc de la Rochefoucauld, qui fit abattre la plus grande partie du château.

37. LA ROCHE-GUYON (RIVE DROITE).

Arrondissement de Mantes — Canton de Magny. —
Population, 900 habitants.

Ce bourg, qui tire son nom du rocher escarpé au pied duquel est situé le château qu'y fit bâtir, sous Louis-le-Gros, Guy ou Guyon, un de ses premiers seigneurs, est à deux lieues trois quarts N. O. de Mantes, et dix-huit lieues un quart O. N. O. de Paris. Il se dessine en forme de croissant, et s'appuie sur le bord de la Seine.

CHATEAU LA ROCHE-GUYLON.

Dans le rocher auquel est adossé le bourg, ainsi que le château auquel il doit sa célébrité, est creusée, à une hauteur considérable, une chapelle, dont l'origine paraît remonter à une antiquité reculée. Long-temps, par un privilége spécial, le Saint-Sacrement y resta exposé sans relâche. On prétendait qu'à peu de distance Saint-Nicaise et Sainte-Pience avaient reçu le martyre. Ce saint Nicaise n'est pas l'archevêque de Reims; celui-ci lui est de beaucoup antérieur. Il vivait vers le troisième siècle, et prêchait dans le Vexin à l'époque où saint Denis annonçait l'Évangile sur les rives de la Seine.

On a tout lieu de croire que ce rocher fut, dans les premiers temps de la féodalité, le séjour d'un de ces petits despotes qui se partageaient alors la France. La tour à double enceinte qui le couronne est d'une construction fort ancienne; mais il est présumable que la tradition se trompe en l'attribuant aux Romains. Le premier seigneur connu est Hugues Ier, vicomte de Mantes. Son fils Hilledoin fonda, en 1052, le prieuré de Saint-Martin-la-Garenne, détruit pendant la révolution. C'est, comme nous l'avons dit, à Guy ou Guyon, fils d'Hilledoin, que la seigneurie doit son nom.

La demeure seigneuriale ne consista long-temps qu'en cette tour antique. Plus tard, des bâtiments spacieux et commodes s'élevèrent au bas du rocher; mais, dans les moments de péril, les habitants se réfugiaient dans la tour. Les seigneurs occupaient le premier rang parmi ceux de la contrée. Ils entretenaient une garnison nombreuse dans la forteresse, regardée comme la clef du Vexin, et garantissant de ce côté Paris des attaques des Normands et des Anglais, si fréquentes au onzième siècle.

En 1097, Robert, comte de Meulan, vivement pressé par ces deux peuples, passa dans leurs rangs; et Guyon de la Roche, gagné à prix d'or, les reçut dans son château et à Vétheuil, d'où ils poussaient leurs incursions jusques aux portes de Paris.

Un peu plus d'un siècle après, Guy, seigneur de la Roche, fut assassiné dans son château par son beau-père. Un manuscrit du quatorzième siècle raconte cet événement avec une naïveté de style fort touchante. Les vassaux, loin de reconnaître le meurtrier, allèrent demander vengeance aux barons voisins. On l'assiégea dans sa tour. Qu'il soit *occis de laide mort et villainie*, dit Louis-le-Gros, qui fut consulté. Et effectivement le traître et ses partisans furent passés au fil de l'épée, et leurs corps traînés sur des claies, et jetés à la rivière.

Peu de temps après la prise de Mantes, en 1418, le roi d'Angleterre assiége, dans la Roche-Guyon, Perrette de la Rivière, veuve de Guy VI, tué à la bataille d'Azincourt. Elle se défend pendant deux mois. « Prêtez-moi serment, lui dit Henri, et je vous laisserai vos terres et seigneuries. — Non, répond-elle ; j'aime mieux tout perdre et m'en aller dénuée de tous biens, moi et mes enfants, que moi mettre et mes enfants ès mains des anciens ennemis de ce royaume, et de laisser ainsi mon souverain seigneur et roi. »

Charles VII, pour récompenser sa fidélité, la nomma première dame d'honneur de la reine. Son fils Guy VII rentra plus tard en possession de la tour par la défection d'un capitaine anglais qui en avait la garde.

La fille unique de Guy VII porta ce fief en dot dans la maison de Silly. En 1546, Louis de Silly y reçut François Ier et sa cour. Ce fut durant ce séjour que le jeune et brave comte d'Enghien, frère du roi de Navarre et du premier prince de Condé, y fut tué par la chute d'un coffre jeté d'une fenêtre, et qui lui brisa le crâne. On soupçonna que cette mort ne fut pas naturelle. François Ier étouffa cette affaire dans laquelle de grands personnages eussent été compromis.

Henri de Silly, fils du précédent, fut l'époux de la belle Antoinette de Pons, marquise de Guercheville; il mourut jeune, et sa veuve fixa sa résidence à la Roche-Guyon. Pendant les guerres de la Ligue, Henri IV, passant un soir très-fatigué devant le manoir, y fit demander l'hospitalité pour une nuit seulement, et devint éperdument amoureux de la châtelaine. Ses efforts pour la séduire furent inutiles : « Non, sire, lui répondit-elle, jamais! Je ne suis pas d'assez bonne maison pour être votre femme, et je suis de trop bonne maison pour être votre maîtresse. » Le monarque, renonçant à triompher de sa résistance, lui dit : « Puisque vous êtes véritablement dame d'honneur, vous le serez de la reine. » Il tint plus tard sa promesse. Les mémoires du temps rapportent que chaque fois que le galant Béarnais venait prendre son gîte au château, la belle veuve, après l'avoir reçu publiquement, traversait la rivière, et allait coucher à la Vacherie, lieu de péage, situé sur l'autre bord, en face du manoir.

Madame de Silly ayant épousé en secondes noces Charles du Plessis, seigneur de Liancourt, cette famille se trouva en possession de la seigneurie, qui, dès 1621, avait été érigée en duché-pairie en faveur de François de Silly, mort sans enfants. Roger, duc de la Roche-Guyon, fils issu du second mariage, fut le bienfaiteur du pays : une rente de 2,000 livres, qu'il créa en faveur des indigents de la contrée, est encore payée de nos jours. Il fut tué, en 1646, au siége de Mardick. Sa fille unique ayant épousé, en 1659, le duc de la Rochefoucauld, fils de l'auteur des *Maximes*, cette terre passa dans cette maison.

Le petit-fils du célèbre moraliste Alexandre de la Rochefoucauld y fut exilé par Louis XV pour avoir conseillé à ce prince, durant sa fameuse maladie de Metz, de renvoyer la duchesse de Châteauroux, sa maîtresse. Cet exil, qui dura dix ans, tourna au profit du pays : il fit ouvrir et paver plusieurs routes; le village lui dut une belle fontaine avec une inscription latine, dans laquelle on remarque deux lacunes. Elles proviennent de deux mots effacés pendant la révolution, ainsi que les armoiries du fondateur : ces deux mots sont *dux* (duc) et *ductam* (amenée) que les ignorants traduisirent par *duchesse*. Le duc de la Rochefoucauld agrandit aussi et embellit considérablement le château ; il y fit élever de belles écuries et creuser, au sommet du rocher, un immense réservoir qui peut contenir 2,200 muids d'eau amenés par des canaux qui s'étendent dans les environs à plus d'une lieue de distance. Des tuyaux, habilement disposés, la portent dans tous les appartements, les basses-cours et les jardins.

Sa fille, la duchesse d'Anville, fut aussi la bienfaitrice du pays; elle y fit ouvrir des chemins, et y fonda des établissements de charité. Elle ajouta au château un corps de bâtiment, où était une riche bibliothèque, avec plusieurs manuscrits, entre autres celui des *Maximes*. Après avoir vu périr, dans la révolution, son fils et son petit-fils, elle se retira avec sa petite-fille à la Roche-Guyon, où elles furent arrêtées; mais toutes les communes environnantes adressèrent à la Convention une pétition énergique, et leurs têtes furent sauvées.

Cette terre appartient toujours à la famille de la Rochefoucauld. Près de là, on remarque l'ermitage de Saint-Sauveur dans une situation pittoresque.

Les bâtiments divers qui composent ce château, flanqué de tours et environné de fossés, appartiennent, on le voit, à des époques différentes; c'est ce qu'attestent les formes variées de leur architecture. La tour qui couronne la hauteur communique avec l'édifice placé à la base par un escalier creusé dans le roc. On remarque à la Roche-Guyon, outre l'église paroissiale, le perron du château, la salle d'entrée, le salon, la bibliothèque, le théâtre, et la chambre dans laquelle coucha Henri IV, avec le même lit, les mêmes rideaux, le même ameublement, son portrait original, son fauteuil et celui de Louis XIV. La chapelle, creusée dans le roc à une grande élévation, renferme plusieurs tombeaux de personnages historiques. Les jardins sont vastes et bien distribués. Le potager a huit arpents. Une promenade, établie à grands frais sur la crête du coteau, auparavant nue et aride, fixe surtout l'attention.

Les habitations du bourg sont en partie taillées dans le roc calcaire.

La Roche-Guyon, siége autrefois d'un bailliage

ducal et de la juridiction d'un grenier à sel, produit un peu de vin. Il y a aussi de beaux bois et de jolies prairies. Il s'y tient deux foires par an : le mardi qui suit le 11 juin et le mardi qui suit le 25 novembre ; il y a marché le mardi de chaque semaine. On y voit une fabrique de bonneterie. Le bac a été remplacé par un beau pont suspendu de 200 mètres d'ouverture, d'une seule travée. Le péage de ce pont si hardi a été concédé pour quatre-vingt-dix-neuf ans à M. Bouland, ingénieur civil.

38. FRENEUSE (RIVE GAUCHE).

Arrondissement de Mantes. — Canton de Bonnières. — Population, 900 habitants.

Ce village, situé à trois lieues et quart de Mantes, et à dix-huit lieues et demie O. N. O de Paris, sur la route que le concessionnaire du pont suspendu de la Roche-Guyon a fait ouvrir entre ce pont et Bonnières, possède un sol fertile en vins. Il est célèbre aussi par ses petits et excellents navets, à écorce jaune comme ce terrain sablonneux. Il y a une teinturerie.

39. BONNIÈRES (RIVE GAUCHE).

Arrondissement de Mantes. — Canton de Bonnières. — Population, 800 habitants.

Ce bourg, bureau et relai de poste, est agréablement situé à deux lieues trois-quarts O. N. O. de Mantes. Sur son port s'opèrent un embarquement et un débarquement considérables de charbon, plâtre et bois. On y fabrique des ouvrages de vannerie. A une demi-lieue au-dessus a lieu l'embranchement des routes de Paris à Rouen par la vallée de la Seine, et de Paris à Cherbourg par Évreux.

40. BENNECOURT (RIVE DROITE).
Arrondissement de Mantes. — Canton de Bonnières. — Population, 1,100 habitants.

A quatre lieues de Mantes et quinze lieues et demie O, N. O. de Paris, se dessine dans une situation charmante Bennecourt, qui n'est séparé de Bonnières que par la Seine, parsemée, dans ces parages, de verdoyantes prairies, et d'arbres touffus et élancés. La vigne tapisse abondamment les coteaux qui bordent le fleuve, et le vin qu'on en récolte est estimé dans le pays.

41. JEUFOSSE (RIVE GAUCHE).
Arrondissement de Mantes. — Canton de Bonnières.— Population, 400 habitants.

Ce village, dans le voisinage duquel les Normands campèrent plusieurs fois, est situé à quatre lieues et quart de Mantes et dix-huit lieues O. N. O. de Paris.

42. LIMETZ (RIVE DROITE).

Arrondissement de Mantes. — Canton de Bonnières.—
Population, 900 habitants.

Ce village est situé à cinq lieues de Mantes et dix-huit lieues O. N. O. de Paris, entre l'Epte et la Seine. Distant de cette dernière rivière de 1,200 mètres, c'est au hameau de Villez qu'il la voit recevoir la première par une double embouchure. L'Epte, dont le cours alimente de nombreuses usines, a sa source dans les collines qui séparent Neufchâtel de Gournay; elle traverse cette dernière ville et celle de Gisors en séparant le département de la Seine-Inférieure de ceux de l'Oise, de l'Eure, et de Seine-et-Oise. L'embouchure de l'Epte, aux eaux paisibles, ombragées de saules et de peupliers, est d'un aspect tout à fait mystérieux.

43. PORT VILLEZ (RIVE GAUCHE).

Arrondissement de Mantes.—Canton de Bonnières —
Population, 200 habitants.

Chétif village, à cinq lieues et demie de Mantes et dix-huit et demie O. N. O. de Paris, en face Villez et Giverny et les deux embouchures de l'Epte. La limite septentrionale de cette commune est formée par un ruisseau qui se jette dans la Seine, et que traverse un pont sur

lequel passe la route de Paris à Rouen. C'était autrefois le Rubicon de la contrée. D'une part la France, de l'autre la Normandie ! Bien du sang a rougi ses bords et son cours. — Nous voilà juste à moitié chemin de Rouen.

44. GIVERNY (RIVE DROITE).

Département de l'Eure. — Arrondissement des Andelys. — Canton d'Ecos. — Population, 500 habitants.

Ce village, éloigné de cinq lieues des Andelys et de dix-huit lieues et demie O. N. O. de Paris, n'est séparé de celui de Limetz que par un bras de l'Epte, limite des départements de l'Eure et de Seine-et-Oise.

45. VERNON (RIVE GAUCHE).

Arrondissement d'Evreux. — Canton de Vernon. — Population, 5,300 habitants.

Cette ville est dans une agréable situation, au milieu d'une plaine fertile, à six lieues E. N. E. d'Évreux, quatre lieues S. des Andelys, vingt et une lieues O. N. O. de Paris, sur une des routes de cette capitale à Rouen. Elle a appartenu long-temps aux ducs de Normandie.

Il en est fait mention pour la première fois dans les monuments historiques, au onzième siècle, sous le nom de *Vernonium castrum*.

La tradition rapporte que le pays fut occupé

par les Romains et qu'ils y laissèrent des traces de leur passage. On a cru découvrir, vers la partie orientale d'un bois qui domine le faubourg de Vernonet, les vestiges d'un de ces camps appelés dans toute la France *camps de César*.

Situé sur la frontière de deux états, Vernon fut pendant la féodalité exposé à toutes les guerres de cette époque désastreuse.

En 1047, Guillaume le Bâtard, duc de Normandie, en fait don à son parent, Guy, fils de Regnaud, comte de Bourgogne, qui, après en avoir joui trois ans, se soulève contre son bienfaiteur à l'instigation de quelques seigneurs de la contrée. Il est vaincu et pardonné; mais, dédédaigné de tout ce qui l'entoure, il quitte la cour de Normandie pour celle de Bourgogne.

En 1123, Henri Ier, roi d'Angleterre et duc de Normandie, fortifie Vernon et y fait construire la tour qu'on y voit encore.

Les guerres qui éclatent entre le roi de France Louis VII, dit le Jeune, et les ducs de Normandie, donnent à cette ville une triste célébrité. Le monarque, à la tête d'une nombreuse armée, l'assiège en 1154 et s'en rend maître. Le Normand, effrayé des succès du roi, lui fait toutes les soumissions obligées; et Vernon lui est remis.

Au printemps de 1153, Louis VIII, instruit que Richard, fils du châtelain de Vernon, pille les marchands sur le chemin royal, sort de grand matin de Mantes et fait livrer aux flammes le bourg qui entoure le château.

Vers la fin de juillet de cette année, le même roi, à la tête d'une armée nombreuse, vient mettre le siége devant Vernon. Mais, après quinze jours d'attaque inutile, Thierry, comte de Flandre, dont les troupes forment la plus grande partie de l'armée royale, veut se retirer. Louis VIII négocie avec Richard; il est convenu que l'étendard du roi sera arboré sur la tour, et l'on commet à sa garde un homme d'armes noble, qui n'est, ni de l'un, ni de l'autre parti.

Par suite de cette demi-capitulation, la place est remise au monarque qui, au mois d'août, ayant fait la paix avec le duc de Normandie, la lui restitue; et celui-ci, comme dédommagement des frais de siége, fortification et défense, paie deux mille marcs d'argent.

Le château de Vernon reste aux Normands jusqu'en 1195, où le duc Richard, roi d'Angleterre, le cède à Louis, fils de Philippe-Auguste, à l'occasion du mariage de ce prince avec Blanche sa nièce. La remise eut lieu en 1196, mais, la guerre ayant éclaté de nouveau en septembre 1198, une bataille fut livrée entre

Gamaches et Vernon; et Philippe-Auguste, vaincu par Richard Cœur-de-Lion, eut grand peine à trouver un refuge dans la tour. On découvre encore tous les jours, dans la plaine où se livra cette bataille, des fragments d'armures, des armes brisées et d'autres objets dévorés par la rouille.

La forteresse resta, ainsi que le bourg, au pouvoir des rois de France. Saint Louis y fit construire une *Maison-Dieu* (hôpital), dans un lieu très-aéré, et la fit desservir par vingt-cinq sœurs, deux prêtres et un grand nombre de chambrières, fondation qui coûta 30,000 livres. Ce roi affectionnait beaucoup cet hôpital, et, chaque fois qu'il venait à Vernon, il le visitait avant de se rendre au château.

Sous Philippe de Valois, les Anglais, après avoir vainement porté la guerre en Flandre, font une descente en Normandie, balayent tout sur leur passage, prennent Caen, livrent aux flammes Vernon et ses alentours. Maîtres de cette ville, à l'aide des démêlés des factions si connues des Bourguignons et des Armagnacs, ils ne peuvent s'y maintenir quand Charles VII appelle les Français aux armes. Le roi somme le gouverneur, comte d'Orgemont, de rendre la forteresse; celui-ci fait prendre chez tous les serruriers de la ville toutes les vieilles clefs qu'on peut trouver et les envoie insolemment au prince. Le lendemain, les troupes françaises s'étant rapprochées, il fallut changer de ton et capituler.

Les rois ont plusieurs fois donné cette ville en apanage aux reines de France. Avant la révolution elle avait le titre de *bonne ville*, grâce à ses hautes murailles, à ses fossés profonds, à ses six portes, à sa formidable tour. Elle possédait aussi une église collégiale de Notre-Dame, une autre église paroissiale de Sainte-Geneviève, un collége renommé et plusieurs couvents des deux sexes, entre autres un de Capucins et un autre de chanoinesses-hospitalières de saint Augustin, qui desservaient l'hôpital. De toutes ces fondations il ne reste que l'hôpital de saint Louis et l'église Notre-Dame qui est d'une belle architecture gothique. L'aspect de la nef est imposant. Une des chapelles renferme un tombeau en marbre blanc, curieux par les costumes du temps.

Dans l'église de l'Hôtel-Dieu, on admire les jolies colonnes torses qui supportent la tribune. Le collége, qui avait été fondé par Henri IV, a été reconstruit par les soins du duc de Penthièvre, aïeul du roi Louis-Philippe.

L'ancien château de Bizy, fondé par le maréchal de Belle-Isle, et qu'on voyait à l'extrémité du faubourg de ce nom, a été démoli, à l'exception de ses magnifiques écuries. C'était un des plus beaux de la Normandie. Après avoir appartenu au comte d'Eu, il avait passé au duc de Penthièvre. Un château moderne, fort agréable, s'élève sur son emplacement. Le parc renferme de belles cascades. Lors de la Restauration, le général Suir, qui en était propriétaire, le céda à la duchesse douairière d'Orléans. Louis-Philippe, à qui il appartient, s'y rendait fréquemment avant son avénement au trône. Il reste de l'ancienne enceinte de la ville une tour fort élevée; on y a déposé les archives communales.

On voit à l'une des extrémités du pont un vieux bâtiment, qu'une tradition fabuleuse fait remonter à Jules César, le héros de tous les conteurs crédules. Il appartient aux derniers siècles du moyen âge.

On a placé à Vernon, depuis la Restauration, le *parc de construction des équipages militaires*, qui, au moment de l'invasion des alliés en 1814, avait été transféré de Commercy à Saint-Germain. Un vaste édifice, nouvellement bâti, et qu'on aperçoit de la Seine, a été consacré à cette destination et au casernement de la troupe.

La promenade qui entoure la ville, en forme de boulevard, promet toute autre chose que les rues tortueuses, étroites, et les vieilles maisons, bâties la plupart en pans de bois, qui frappent désagréablement les regards quand on pénètre dans son enceinte. Une autre promenade qui mérite d'être visitée est l'avenue du château de Bizy dont nous avons parlé.

Sur la rive droite de la Seine s'étend le faubourg de Vernonet, où l'on voit un vaste moulin à farine et une fonderie de zinc. Il est uni à la ville par un pont de construction fort ancienne, divisé en deux parties, entre lesquelles règne un terre-plein de 42 mètres ; la première, du côté de la ville, se compose de dix arches en maçonnerie ou en charpente, de 6 à 11 mètres de largeur, et de neuf piles en maçonnerie; la seconde, du côté opposé, a treize arches et douze piles d'inégales formes et dimensions. Le débouché total est de 222 mètres. Le passage, sous ce pont, était regardé autrefois comme très-dangereux par les mariniers de la Seine. Il a été fort amélioré depuis.

Un de nos meilleurs auteurs dramatiques modernes, le spirituel Picard, a imprimé par sa jolie comédie de la *Petite Ville* une sorte de célébrité à Vernon. On trouve dans ses environs une source d'eau minérale ferrugineuse. La ville possède un marché le samedi de chaque semaine, trois foires qui ont lieu le 25 juillet, le 8 septembre et le samedi des Rameaux; des carrières de pierre au-dessus desquelles commence la forêt de Vernon; des fours à chaux et à plâtre, des tuileries, un grand commerce de blé, farine, vin, pierres de taille, plumes, bestiaux. — *Hôtels* : du Grand-Cerf, du Lion d'or, de Saint-Éloi. — *Cafés* : Hébert, Cortet, Dumesnil. — *Bains et petite salle de spectacle.*

46. SAINT-JUST (RIVE GAUCHE).

Arrondissement d'Evreux. — Canton de Vernon. — Population, 350 habitants.

Ce village, situé sur le penchant d'une colline, à six lieues trois quarts d'Évreux, n'offre de remarquable que l'ancien hôpital fondé par le duc de Penthièvre, transformé plus tard en château, et ayant appartenu à la duchesse d'Albuféra, veuve du maréchal Suchet.

47. SAINT-PIERRE-D'AUTILS (RIVE GAUCHE).

Arrondissement d'Évreux. — Canton de Vernon. — Population, 900 habitants.

Ce village est situé à gauche de la route de Rouen, à sept lieues d'Évreux.

48. PRESSAGNY (RIVE DROITE).

Arrondissement des Andelys. — Canton d'Écos. — Population, 400 habitants.

Sur la route départementale des Andelys à Vernon, entre le cours de la Seine et la belle forêt qui couronne la hauteur, au milieu de plusieurs autres villages, vous remarquerez Pressagny, que les habitants des environs appellent l'*Orgueilleux*. Une jolie maison de campagne, bien blanche, ayant vue sur un immense tapis de gazon vert, et s'appuyant sur des arbres touffus, frappera vos regards, c'est l'ancien prieuré de la Madelaine, devenu plus tard la propriété de M. Casimir Delavigne, ce poète

aussi recommandable par les qualités du cœur que par les dons de l'esprit. Plus loin, près du village, vous remarquerez une jolie petite maison de campagne, parcelle du riche héritage de M. Séguin, environnée de tant de verdure que l'œil a peine à la retrouver.

49. PORTMORT (RIVE GAUCHE).

Arrondissement et canton des Andelys. — Population, 700 habitants.

Ce fut dans le sanctuaire de l'église de ce village, situé à deux lieues des Andelys, que, le 25 mai 1200, Blanche de Castille épousa Louis VIII, fils de Philippe-Auguste et père de saint Louis; car ce prince ne put trouver dans les états de son père, frappé d'interdit, un lieu pour faire consacrer cette union, négociée par Éléonore de Guyenne, son aïeule, et qui fut une des conditions de la paix entre Philippe-Auguste et Jean-sans-Terre. Ce fut encore à deux pas de là, entre les Andelys et Gaillon, que les deux rois tinrent, à la fin de 1219, les conférences qui amenèrent cette paix si désirée, et réunirent enfin à la couronne de France la Normandie, depuis trois cents ans au pouvoir des Anglais.

50. SAINT-PIERRE-DE-LA-GARENNE (RIVE GAUCHE).

Arrondissement de Louviers. — Canton de Gaillon. — Population, 500 habitants.

Les environs de ce village étaient célèbres, sous les ducs de Normandie, comme pays abondant en gibier. C'était de ce côté qu'ils dirigeaient leurs chasses. Entre Portmort et Saint-Pierre-la-Garenne, il y a un bac qui fait le trajet de la rive opposée. Il a été question de le remplacer par un pont suspendu.

51. COURCELLES (RIVE DROITE).

Arrondissement et canton des Andelys. — Population, 260 habitants.

Ce village possède, à une lieue environ, un hameau connu sous le nom de Mouceaux-sur-Seine.

Sur le bord du fleuve, on remarque une maison du seizième siècle, dont la façade est ornée de médaillons sculptés. Elle est connue sous le nom de *Maison rouge*. Il y a là un bac très-fréquenté. Un peu au-dessus, on aperçoit le château de Tournebu. La *Maison rouge* est le point de débarquement pour Gaillon, dont on aperçoit au loin les tours gothiques.

Ce gros bourg, de l'arrondissement de Louviers, situé à trois lieues de cette ville, et à égale distance à peu près des Andelys, renferme une population de 1,200 âmes. On l'appelle *Gaillon l'Archevêque* ou *Gaillon-sur-Seine*. Il est dans une vallée délicieuse.

Gaillon fut un des châteaux qu'en 1195 Richard-Cœur-de-Lion céda à Philippe-Auguste. Ce dernier en donna la garde et la châtellenie à un nommé Cadoc, en récompense de ses loyaux services. Sous saint Louis, ce domaine, ayant fait retour à la couronne, fut cédé, par échange, aux archevêques de Rouen, qui en firent leur maison de campagne. L'un d'eux, le cardinal Georges d'Amboise, ministre de Louis XII, prélat immensément riche, rebâtit le château, ruiné dès 1423, par les guerres des Anglais. Il y fonda un collége de chanoines pour le service de la chapelle.

Un autre archevêque de Rouen, le cardinal de Bourbon, fit aussi de grands embellissements à Gaillon vers 1578. Il voulut y établir une chartreuse, en commença les bâtiments, et ne put les achever. Après lui, cette charteuse de Bourbon ne s'éleva qu'à travers bien des obstacles; elle fut dédiée à N. D. de l'Espérance.

Colbert fit embellir cette résidence. Le nouveau château a été démoli pendant la révolution. Feu notre ami Alexandre Lenoir, administrateur du Musée des monuments français, en sauva les plus précieux débris. Sa délicate façade, ainsi qu'un escalier admirable de légèreté, se voit encore à l'École royale des Beaux-Arts, qui a remplacé ce Musée. La chapelle était regardée comme un chef-d'œuvre d'architecture du quinzième siècle.

Sur l'emplacement du château, le gouvernement a fait construire une maison centrale de détention pour quinze cents condamnés des départements de l'Eure, d'Eure-et-Loir, de l'Oise et de la Seine-Inférieure.

Les quatre belles tours gothiques du manoir archiépiscopal ont été conservées, et flanquent encore l'entrée de la prison. On a conservé aussi et adapté aux nouvelles constructions une galerie plus gothique et une belle terrasse, célèbre par le coup d'œil ravissant qu'elle offre sur la riche plaine de Gaillon, sur les deux Andelys et sur les rives de la Seine. Les détenus de cette maison sont occupés à divers travaux.

On a vu aux différentes expositions des objets d'ébénisterie et divers articles en laine, en paille, des étoffes façon de Rouen, des blouses, des gants, etc., qui y avaient été fabriqués, et qui ont été mentionnés honorablement par le jury.

On trouve à Gaillon une fontaine, en forme de grotte, garnie de belles congélations, dont les eaux sont incrustantes et pétrifient les objets qu'on y jette. A peu de distance est le village d'Abloville, où Marmontel mourut en 1799. — Commerce de bestiaux et de mercerie. — Foire d'un jour, le vendredi-saint.

52. BONAFLES (RIVE DROITE).
Arrondissement et canton des Andelys. — Population, 300 habitants.

Village à une lieue des Andelys, près de la Seine.

53. TOSNY, THONY, OU TOENY (RIVE GAUCHE).
Arrondissement de Louviers. — Canton de Gaillon. — Population, 400 habitants.

Ce village, situé à quatre lieues de Louviers, est célèbre par le séjour qu'y fit Bertrade de Montfort, l'une des quatre femmes du puissant et peu aimable comte Foulques, surnommé, pour sa laideur, le *réchin* ou le *réchigné*, laquelle eut la faiblesse de préférer à l'amour de son très-honoré seigneur et maître les assiduités toutes chevaleresques du roi de France Philippe I*er*, qui l'enleva et l'épousa malgré les foudres d'Urbain II. Le château de Tosny appartient à M. de Courteuil. On estime les produits de la briqueterie établie dans cette commune.

54. VEZILLON (RIVE DROITE).

Arrondissement et canton des Andelys. — Population, 200 habitants.

Petit village, situé à peu de distance du Petit-Andely, dont il peut être considéré comme un faubourg, sur le bord de la Seine, et en face d'une île verdoyante qu'elle forme sur ce point.

55. LES ANDELYS (RIVE DROITE).

Arrondissement et canton des Andelys. — Population du grand et du petit Andelys, 6,000 habitants.

Petite ville, chef-lieu de sous-préfecture, tribunal de première instance, à sept lieues N. E. d'Evreux, neuf lieues S. E. de Rouen, et vingt-une lieues N. O. de Paris. Sous le nom d'Andelys on comprend deux villes séparées par une chaussée d'un quart de lieue. Celle qui passe pour la plus ancienne s'appelle simplement *Andely* ou le *Grand-Andely*; elle est située dans une vallée sur le ruisseau de Gambon : l'autre, sur le bord de la Seine, s'appelle le *Petit-Andely*.

Le Grand-Andely est désigné dans les anciens auteurs sous le nom d'*Andilegum*, *Andelia*, *rupes Andeli*. Duplessis, sur quelques rapports d'étymologie, en fait remonter l'origine aux Gaulois. L'auteur anonyme de la vie de sainte Clotilde, femme de Clovis, attribue à cette reine la fondation d'un monastère de religieuses au lieu nommé *Andeleins* sur la Seine. Elle y aurait fait aussi des miracles, et changé en vin l'eau des maçons qui y travaillaient. Peu à peu il se forma un bourg autour du couvent. Au commencement du douzième siècle, il y existait même un château, dans lequel se réfugia Louis VII, battu en 1119 à Brenneville par les troupes de Henri, roi d'Angleterre.

Andely fut cédé aux Anglais en 1160 ; mais sept ans après la guerre éclata de nouveau. Ce ne fut de part et d'autre que vols, brigandages, massacres et incendies. Les Français brûlèrent Andely, bourg très-fort, dit Robert du Mont, et propriété des évêques de Rouen ; mais, en se retirant, la faim, la soif, la chaleur et la fatigue décimèrent leur armée.

L'abbaye avait disparu au milieu des flammes. Sur ses ruines s'éleva une collégiale séculière, qui eut besoin d'être réformée en 1245. Le service paroissial était alors partagé en trois églises, Notre-Dame ou la Collégiale, Sainte-Madelaine, au Grand-Andely, et Saint-Sauveur, au Petit-Andely. Sous le règne de Philippe-Auguste, la seigneurie d'Andely fut l'objet de longues contestations entre les rois de France et d'Angleterre et Gauthier, archevêque de Rouen. Celui-ci restitue la place au roi de France en 1196 ; mais Richard-Cœur-de-Lion, roi d'Angleterre, s'empare de l'île, située en face du bourg, et y fait construire une forteresse. Il entoure la ville de tours de pierre et de bois, il élève sur la rive du fleuve, au sommet des coteaux qui bordent la vallée, une citadelle environnée de hautes murailles et de fossés profonds taillés dans le roc vif. Ces fossés sont eux-mêmes protégés par des tours et des murs, que protège une troisième ligne de défense. Il nomme cette forteresse le *Château-Gaillard*. On l'aperçoit d'une immense distance.

Nouvelles contestations entre les deux monarques pour ce château. Un traité, conclu entre les rois Philippe-Auguste et Jean-sans-Terre, en assure la possession à ce dernier.

Mais il est accusé du meurtre de son neveu Arthur, qu'il a assassiné dans la tour de Rouen,

CHATEAU-GAILLARD.

et, comme vassal du roi de France, sommé de venir se justifier à sa cour. Il ne comparaît pas, son duché est confisqué, la Normandie envahie. Philippe-Auguste assiége cinq mois Andely et sa forteresse. Il s'en empare par famine, et le pays est réuni à la France.

Depuis lors, l'histoire du Grand-Andely est à peu près muette. On voit seulement Antoine de Bourbon, roi de Navarre, et père de Henri IV, venir expirer dans ce bourg, en 1552, à la suite d'une blessure reçue au siége de Rouen.

Autrefois le Grand-Andely, outre sa collégiale et les trois églises que nous avons citées, avait un prieuré de Saint-Jean, un couvent de Capucins, un d'Ursulines, une léproserie, une chapelle de Sainte-Clotilde.

La collégiale mérite d'être visitée : le portail extérieur très-pittoresque, avec sa double rangée de colonnes à jour soutenant les ornements de l'ogive, paraît antérieur au reste de l'édifice; le côté du midi est de style gothique fleuri; le nord appartient au style de la renaissance. Les vitraux sont admirables : ils représentent des sujets de l'Ancien et du Nouveau Testament. Dans la chapelle de la Vierge est un tableau de Le Sueur, *Jésus retrouvé dans le Temple*. On admire aussi une sépulture de Jésus-Christ, groupe de figures sculptées venant des *Chartreux lès Gaillon*, et acheté en 1802, le buffet d'orgues, les stalles, et un bas-relief représentant la forteresse de Richard-Cœur-de-Lion.

La chapelle de Sainte-Clotilde, voisine de la collégiale, est aujourd'hui une propriété particulière. On ne doit pas oublier sa petite coupole en bois fort bien assemblé, et la statue de sainte Clotilde en bois peint et doré.

La fontaine qui porte le nom de la bienheureuse reine passe encore pour une des curiosités du pays. Elle avait autrefois, elle a même encore selon quelques personnes, la vertu de guérir les incurables, et de féconder les femmes stériles ; et chaque année, le 2 juin, le curé de la collégiale s'y rendait jadis processionnellement avec son clergé, y jetait du vin en mémoire du miracle de la sainte; et aussitôt ce peuple de pèlerins, venu de toutes parts, se précipitait nu pêle-mêle dans les eaux glaciales de la fontaine, les hommes d'un côté, les femmes d'un autre, séparés par un mur; et tous en sortaient comptant bien sur leur guérison prochaine.

Les bâtiments de l'ancien couvent des Ursulines servent aujourd'hui de tribunal, de salle de spectacle et de prison.

Passons aux antiquités du Petit-Andely ! En 1200, Hugues III, seigneur de Gournay, fait don à l'abbaye du Bec, du château Gaillard, dons nous avons parlé, et qui avait été bâti par Richard-Cœur-de-Lion. Ce Hugues le tenait de Jean-sans-Terre. Pendant le siége qu'en avait fait Philippe-Auguste, plus de 400 habitants, la plupart femmes et enfants, en avaient été expulsés comme bouches inutiles, et s'étaient vus enfermés entre les assiégeants et les assiégés, éprouvant toutes les horreurs de la famine. Une femme qui venait d'accoucher eut, dit l'histoire, son enfant dévoré par ceux qui l'entouraient.

La reine Marguerite de Bourgogne, femme de Louis-le-Hutin, fut, en 1315, enfermée dans cette forteresse et étranglée avec ses cheveux ou avec un linceul par ordre de son mari. On sait les horribles mystères de la tour de Nesle. Cette princesse y avait joué le principal rôle avec ses belles-sœurs Blanche et Jeanne de Bourgogne.

Charles de Melun, consigné au château Gaillard, y fut voué aux plus atroces supplices par l'infâme cardinal de la Balue, qui ne pouvait lui pardonner d'avoir été son protecteur auprès de Louis XI.

David Bruce, roi d'Ecosse, habita le château Gaillard quand il vint chercher un asile en France, en 1334. En 1356, Charles-le-Mauvais, roi de Navarre, y fut enfermé par ordre du roi Jean.

Ce château soutint, en 1418, un nouveau siége. Rouen et toutes les places des environs étaient tombées au pouvoir des Anglais. Château-Gaillard tint seize mois. La garnison ne se rendit que lorsque les cordes lui manquèrent pour puiser de l'eau. Il fut plus facilement réduit en 1429 par Charles VII. Investi de nouveau l'année suivante par les Anglais, il capitula après six mois de siége. Enfin, en 1449, quand les Anglais furent forcés d'abandonner la France, le roi vint en personne assiéger Château-Gaillard, qui se rendit sans résistance.

Au commencement du dix-septième siècle, ce fort tombait en ruines. Henri IV, en 1606, et Louis XIII, en 1610, autorisèrent les pénitents de la ville à reconstruire leur maison avec ses débris.

Dans la dernière moitié du dix-huitième siècle, le Petit-Andely avait une église paroissiale et deux autres églises appartenant à l'Hôtel-Dieu ou Hôtel-Royal, et au couvent des pénitents. Cet Hôtel-Dieu existait au moins en 1316; il était alors desservi par un prieur; des chanoinesses régulières de Pontoise s'y établirent en 1640.

Plus tard, le bienfaisant duc de Penthièvre le fit reconstruire avec une sorte de magnificence, et tel qu'on le voit aujourd'hui; le dôme a la forme d'un œuf. Il y consacra plus de 400 mille livres, indépendamment des fonds qu'il donna pour augmenter ses revenus. L'église du

Petit-Andely au clocher effilé n'est pas sans intérêt non plus pour l'antiquaire.

Les ruines du Château-Gaillard sont encore très-pittoresques. On voit dans les fossés qui les entourent des casemates où, pendant les siéges, on enfermait les chevaux et les provisions. Ces ruines ne sont habitées que par une pauvre Polonaise, veuve d'un vieux soldat de Napoléon...

Les Andelys ont donné naissance à quelques hommes célèbres. Le célèbre peintre Nicolas Poussin vit le jour dans une chaumière au hameau de Villers, qui en est voisin. Un soir qu'il reconduisait lui-même, sa lampe à la main, le cardinal de Mancini : « Je vous plains, lui dit le prélat, de n'avoir pas un seul valet. — Et moi, monseigneur, répondit Poussin, d'en avoir trop. » Il ne reste plus la moindre trace de la maison qu'il habitait ; quelques pommiers seulement en ombragent la place. Un projet fut présenté en l'an x pour élever un monument à sa mémoire. On en cherche vainement la première pierre.

L'abbé de Chaulieu, ce spirituel poète, naquit au château de Fontenay, en 1639 ; l'aéronaute Blanchard, aux Andelys ; Brunel, le célèbre ingénieur du tunnel de la Tamise, aux environs, à Hacqueville.

Thomas Corneille, le frère du grand tragique, habita souvent les Andelys, et l'on montre encore aux étrangers la maison de chétive apparence qu'on dit avoir été la sienne.

Presque au pied du Château-Gaillard, on a construit un pont suspendu de 163 mètres de longueur entre les culées pour faciliter les communications entre les départements de l'Eure et de l'Oise, servir la route départementale de Louviers à Gournay, et éviter aux voitures l'alternative d'aller, soit à Vernon, soit au pont de l'Arche, pour passer d'une rive à l'autre. Ce pont d'une seule arche est dû à MM. Bayard de la Vingtrie et Vergès.

Les deux Andelys renferment des fabriques de draps fins, casimirs, ratines, bonneteries, toiles, pipes de terre et sabots. On y remarque des filatures de coton, des tanneries, des mégisseries, etc. Un de ses habitants, M. Hamelin, a produit aux diverses expositions de belles soies de diverses couleurs. Le commerce consiste en bestiaux, grains, laines, toiles, bas, écailles d'ablettes pour la fabrication des pierres fausses, etc. — quatre foires de deux jours, le 4 juin, le 14 septembre, à la mi-carême, et le premier lundi de novembre.

Hôtels du Grand-Cerf, de l'Espérance, des Trois-Rois, de la Biche, de la Rose.

56. LE THUIT (RIVE DROITE).

Arrondissement et canton des Andelys. — Population, 200 habitants.

Petit village à une demi-lieue des Andelys, traversé par la route départementale de cette ville à Rouen. On aperçoit sur une colline qui regarde la Seine un petit pavillon rouge, seul débris du magnifique château qu'y possédait le fameux chancelier Maupeou.

57. LA ROQUETTE (RIVE DROITE).

Arrondissement et canton des Andelys. — Population, 300 habitants.

Une suite de roches frappe les regards du voyageur depuis ce village jusqu'aux Andelys. On y cultive la vigne en plein champ.

58. BERNIÈRES (RIVE GAUCHE).

Arrondissement de Louviers. — Canton de Gaillon. — Population, 200 habitants.

Village à deux lieues un quart de Louviers, près de la Seine. De ce point la vue se repose sur la riche verdure d'un délicieux archipel que traverse le bateau à vapeur. On se croirait sur un yacht élégant, dans un des plus beaux parcs de l'Angleterre. Cette partie du voyage offre quelque chose de féerique et d'enchanteur.

59. MUIDS (RIVE DROITE)

Arrondissement de Louviers. — Canton de Gaillon. — Population, 800 habitants.

Village à deux lieues un quart de Louviers, sur la Seine, qu'on y passe à l'aide d'un bac, communiquant avec le hameau de la Rive, qui en dépend et qui s'élève sur la rive gauche du fleuve.

60. VIRONVEY (RIVE GAUCHE).

Arrondissement et canton de Louviers. — Population, 200 habitants.

Petite commune, près de la Seine, à une lieue de Louviers.

61. ST-PIERRE DU VAUVRAY (RIVE GAUCHE).

Arrondissement et canton de Louviers. — Population, 400 habitants.

Village à une lieue de Louviers, près de la Seine. Point de débarquement pour les voyageurs qui se rendent à Louviers.

62. ANDÉ (RIVE DROITE).

Arrondissement et canton de Louviers. — Population, 450 habitants.

Ce village, à une lieue un quart de Louviers, sur la Seine, en face de Vironvey, avec lequel il communique par un bac, est situé sur la limite des arrondissements de Louviers et des Andelys.

63. PORTE-JOYE (RIVE GAUCHE).

Arrondissement de Louviers. — Canton de Pont-de-l'Arche. — Population, 300 habitants.

A 2,500 mètres environ de ce village, situé à une lieue et demie de Louviers, et à 2,500 mètres aussi du village de Tournedos, le bateau à vapeur longe le port Prinché, bien connu des mariniers de la Seine.

64. HERQUEVILLE (RIVE DROITE).

Arrondissement de Louviers. — Canton de Pont-de-l'Arche. — Population, 150 habitants

Petit village, à deux lieues de Louviers, ne

contenant qu'un très-petit nombre de familles de mariniers et de cultivateurs, presque tous parents et portant les mêmes noms. On croirait visiter un asile d'anciens patriarches.

65. CONNELLES (RIVE DROITE).

Arrondissement de Louviers. — Canton de Pont-de-l'Arche. — Population, 200 habitants.

Petit village patriarcal, à deux lieues de Louviers, visité seulement par les mariniers de la Seine.

66. TOURNEDOS et POSES (RIVE GAUCHE).

Arrondissement de Louviers. — Canton de Pont-de-l'Arche. — Population réunie, 1,500 habitants.

Ces deux villages, situés à deux lieues et demie de Louviers, et dont le second est de deux tiers plus peuplé que l'autre, forment une longue rue sur le bord de la Seine, et sont bien connus des mariniers par leur établissement de halage. Les grands chalands que nous rencontrons sur notre route, sans pont et sans mât, portant de 350 à 400 tonneaux de marchandise, mettant huit jours pour descendre le fleuve, et quinze pour le remonter, sont halés par des trains de dix, quinze et même vingt chevaux, qui se relaient à distance. C'était là jadis un des passages les plus périlleux du halage de la Seine. Il a été beaucoup amélioré dans ces derniers temps.

Près de Tournedos on rencontre le bac qui communique avec Cléry-sur-Eure, Pons, Amfreville, Senneville et autres communes riveraines.

67. AMFREVILLE SOUS LES MONTS (RIVE DROITE).

Arrondissement des Andelys. — Canton de Fleury sur Andelle. — Population, 400 habitants.

Ce village est situé à trois lieues des Andelys, dans une contrée charmante, au bord de la Seine, un peu au-dessus de l'embouchure de l'Andelle dans ce fleuve. L'Andelle prend sa source à une lieue O. de Forges, au département de la Seine-Inférieure, qu'elle quitte pour rentrer dans celui de l'Eure, où elle passe par Charleval et Pont-Saint-Pierre. Son cours est d'environ 11 lieues du N. au S., dont 9 de flottage, de Châtillon à la Seine. Son principal affluent est la Lieure. Les transports y consistent principalement en bois, tirés des forêts de Bray et de Lions, qui arrivent par le ruisseau de Fouillebroc et par la Lieure; ils sont en grande partie destinés pour Rouen. Ses eaux font mouvoir, à peu de distance de l'embouchure, l'usine de Romilly, où on lamine et façonne le cuivre.

Au confluent de la Seine et de l'Andelle, dit *le Guide pittoresque du voyageur en France* (1), dans le fond d'un vallon délicieux, coupé de diverses cultures et semé de villages et de hameaux, parmi lesquels on distingue les jolies maisons d'Amfreville, s'élèvent deux monts presque jumeaux qui offrent un des plus beaux points de vue de la Normandie, et qu'on appelle la *côte des Deux-Amants*. Un poète du treizième siècle, Marie de France, a raconté la romanesque et touchante aventure qui a donné son nom à ce coteau. Un savant antiquaire, Roquefort, a reproduit, dans sa naïve simplicité, le lai du barde français. Ducis l'a chanté en vers du dix-huitième siècle; et voici comme M. Charles Nodier raconte l'aventure (2) :

« C'est auprès des confluents des eaux que se retrouvent la plupart des fictions d'amour, comme si de délicieuses allégories avaient dû consacrer partout le mariage salutaire des eaux. Les fables ravissantes de Céix et d'Alcyone, d'Héro et de Léandre, d'Aréthuse et d'Alphée, n'ont probablement pas d'autre origine. Le con-

(1) Chez Firmin Didot, rue Jacob, 24.
(2) *La Seine et ses Bords*, rue Saint-Honoré, 245.

fluent de l'Andelle a aussi ses mystères d'amour à nous raconter. Sur le petit revers du coteau où s'étendent maintenant les maisons rustiques d'Amfreville, se déployaient jadis les hautes murailles d'un puissant château, dont les ruines ont disparu depuis long-temps. Là régnait un tyran; sa fille, d'une rare beauté, inspira une passion violente à un chevalier du voisinage, qu'elle aimait. Le père de la damoiselle, voyant leur amour d'un œil défavorable, attacha à leur union une condition, dont les caprices féroces du pouvoir blasé expliquent à peine

la brutale folie. Le chevalier ne devait obtenir

le titre d'époux qu'après avoir, sans se reposer ni s'arrêter, porté son amante sur les épaules, du pied de la côte au sommet, par le sentier rapide qui s'élève audacieusement vers le ciel. Rien n'étonne son courage, rien n'affaiblit sa résolution. Il part... Il est près d'arriver aux pavillons magnifiques, élevés sur la plate-forme, où les juges l'attendent pour le couronner ; tout à coup il chancelle, il tombe ; la jeune fille le relève, et, voyant que ce n'est plus qu'un cadavre, elle le prend dans ses bras et se précipite avec lui du haut de la roche. Le vieux châtelain, accablé de douleur, fit élever sur la plate-forme une chapelle funéraire, qui devint un vaste moutier, appelé le prieuré des Deux-Amants. »

Le bâtiment, construit sur le sommet de la montagne, à une hauteur de 129 mèt. 93 cent., et qui porte aujourd'hui ce nom, ne date que de 1685, comme l'indique une inscription en brique. Il était occupé naguère par une maison d'éducation.

68. PITRES (RIVE DROITE).

Arrondissement de Louviers. — Canton de Pont-de-l'Arche. — Population, 1,100 habitants.

Ce village, situé sur la route départementale d'Elbeuf à Gournay, à deux lieues trois quarts N. N. E. de Louviers et une lieue un quart E. N.

E. de Pont-de-l'Arche, s'élève sur le versant des coteaux qui bordent la rive droite de la Seine et de l'Andelle, au confluent de cette rivière, et en regard de la côte des Deux-Amants. Charles-le-Chauve y tint, au mois de juin 862, un concile, ou une assemblée, où siégèrent des seigneurs, des grands du royaume, des évêques. Le fameux Érigène, plus connu sous le nom de Jean Scott, y figurait. Le prince fit construire dans ce lieu un château royal et une forteresse pour arrêter les courses des Normands.

69. LE MANOIR (RIVE DROITE).

Arrondissement de Louviers. — Canton de Pont-de-l'Arche. — Population, 400 habitants.

En face de l'embouchure de l'Eure. Aucun vieux château n'y justifie le nom de la localité.

70. LES DAMPS (RIVE GAUCHE).

Arrondissement de Louviers. — Canton de Pont-de-l'Arche. — Population, 300 habitants.

Un peu en amont de ce village la rivière d'Eure se jette dans la Seine. Elle prend sa source dans des marais du département de l'Orne, près de Mortagne, entre dans celui d'Eure-et-Loir, traverse Chartres, Maintenon, Nogent-le-Roi, sépare ce département de celui de l'Eure, pénètre dans ce dernier, baigne les murs de Louviers, et se joint à la Seine à deux tiers de lieue de Pont-de-l'Arche après un cours de 45 lieues. Ses principaux affluents sont la Vesgre, la Blaise, l'Aure et l'Iton. Elle est navigable l'espace de 22 lieues, depuis Saint-Georges. Ses transports consistent en sel, bois de construction et de chauffage, destinés surtout pour Rouen.

14. PONT-DE-L'ARCHE (RIVE GAUCHE).
Arrondissement de Louviers. — Canton de Pont-de-l'Arche. — Population, 1,700 habitants.

Cette ville, fort ancienne, est située à deux lieues un quart N. de Louviers et sept lieues N. d'Évreux, sur la pente assez rapide d'une colline, au bord de la Seine qui y forme un grand nombre d'îles, et y est traversée par un vieux pont de vingt-deux arches, long et étroit, jeté sur trois bras de la Seine, dont le dernier, fermé par une écluse, et canalisé, de 1805 à 1811, sert au passage des bateaux. On est parfois obligé de s'y arrêter quelques minutes. Pont-de-l'Arche est un peu au-dessus du confluent de l'Eure, près de la belle forêt du même nom. La marée se fait sentir jusque-là.

Charles-le-Chauve fit bâtir cette ville en 854. Ce fut dans la suite une place importante, en-

E. BRETON. DEL.

PONT-DE-L'ARCHE.

P. 216.

tourée de murs, flanqués de tours, et environnés de fossés, avec un château fort, situé de l'autre côté du pont dans une petite île, près de la rive droite de la Seine. Ce roi y fit construire un palais, où il tint deux conciles, en 862 et 869, et deux assemblées des grands du royaume, en 862 et 864. Le vieux château tout en ruine occupe encore un vaste emplacement sur le rivage même. Ce fut la première ville de France qui se soumit à Henri IV, non pas après son triomphe, mais immédiatement après la mort de Henri III. Elle avait auparavant soutenu plusieurs siéges mémorables. On y remarque une promenade agréable, dessinée sur l'emplacement des anciens remparts.

L'église de Pont-de-l'Arche, quoique non achevée, mérite d'être vue. Ses deux nefs superposées s'élèvent au milieu de vieilles maisons et sont surmontées d'un petit clocher pointu comme une aiguille. Cette église, du quatorzième siècle, a des vitraux fort curieux représentant le peuple de la ville, en costume des règnes de Charles IX et de Henri III, aidant, hommes et femmes, un grand bateau à remonter la *maîtresse arche*.

Vis-à-vis Pont-de-l'Arche se trouve le village d'Alizé, connu par les guérisons miraculeuses du curé M. Leblond. On y pêche l'anguille, la truite, l'alose, le barbillon, le brochet, etc. A Pont-de-l'Arche, dont l'aspect est triste, il y a des fabriques de draps, de tissus, de couvertures de coton. Il s'y fait un grand commerce de bois avec Rouen et Paris, d'arbres fruitiers, de chevaux, de bestiaux. — Quatre foires : les 5 mars, 9 mai, 18 septembre et 25 novembre.

72. CRIQUEBEUF (RIVE GAUCHE).

Arrondissement de Louviers. — Canton de Pont-de-l'Arche. — Population, 1,200 habitants.

Entre ce petit parc, jeté en face d'un archipel d'îles verdoyantes et la ville de Pont-de-l'Arche, s'élève l'ancienne abbaye de Bon-Port, dont la Seine baigne le pied. Cette abbaye de Bénédictins fut fondée *ex voto*, le 4 octobre 1190, par Richard-Cœur-de-Lion, qui avait failli périr sur la Seine. L'église, fort belle, contenait de magnifiques tombeaux. Le cardinal de Polignac, exilé dans les murs de Bon-Port, y composa la plus grande partie de son *Anti-Lucrèce*. Il s'y tint plusieurs négociations importantes, notamment sous le règne de Charles VII, entre ce prince et les agents de l'Angleterre ; plus tard, pendant les guerres de religion, entre les chefs des deux partis. L'église est rasée ; mais le réfectoire et d'autres parties de ce bâtiment gothique sont encore sur pied, et on les aperçoit de fort loin.

Entre Criquebeuf et Caudebec-lès-Elbeuf, on aperçoit le village de Martot, qu'on appelle vulgairement Maltot, et qui est renommé pour ses excellents navets.

73. SOTTEVILLE-SOUS-LE-VAL (RIVE DROITE).

Département de la Seine-Inférieure. — Arrondissement de Rouen. — Canton d'Elbeuf. — Population, 400 habitants.

Village situé près de la Seine à la limite des départements de l'Eure et de la Seine-Inférieure.

74. FRENEUSE-SOUS-LE-VAL (RIVE DROITE).

Arrondissement de Rouen. — Canton d'Elbeuf. — Population, 650 habitants.

A quatre lieues de Rouen, près de la Seine. Situation riante.

75. CAUDEBEC LÈS-ELBEUF (RIVE GAUCHE).

Arrondissement de Rouen. — Canton d'Elbeuf. — Population, 5,400 habitants.

Ce bourg, qui forme la continuité du faubourg d'Elbeuf, est traversé par la petite rivière d'Oison et par les routes départementales qui mènent à Pont-de-l'Arche et à Louviers. On y voit beaucoup de fabriques hydrauliques de drap, des teintureries et des filatures de laine.

76. ELBEUF (RIVE GAUCHE).

Arrondissement de Rouen. — Canton d'Elbeuf. — Population, 14,000 habitants.

Cette ville, une des plus importantes du département, est située à quatre lieues et demie S. de Rouen et six lieues N. O. de Louviers, dans une agréable vallée, bornée au N. par le fleuve et au midi par des collines boisées. Deux rues principales la traversent en forme de croix. Elle est coupée en outre par le Peuchot, dont les eaux sont excellentes pour la teinture.

Au commencement du douzième siècle, El-

E BRETON.

A. PLON. SC.

ELBEUF.

P. 220.

beuf, qui faisait partie de la baronnie d'Harcourt, fut érigé en comté, puis en marquisat et enfin en duché-pairie en 1581, au profit de la maison de Lorraine. Le prince de Lambye y possédait un beau château, dégradé pendant la révolution, et transformé depuis en vastes ateliers. Les manufactures de drap d'Elbeuf doivent être antérieures au seizième siècle, car les titres du temps portent qu'alors les drapiers y étaient au nombre de quatre-vingts; on y fabriquait des tapisseries, dites *point de Hongrie*. Mais c'est seulement du ministère de Colbert que date leur prospérité, bientôt suspendue par la révocation de l'édit de Nantes, qui força grand nombre de fabricants, appartenant à la religion réformée, à porter leur fortune et leur industrie à Leyde, à Londres, à Leycester. Elles se relevèrent un peu dans le commencement de la révolution. Mais c'est depuis la séparation de la Belgique d'avec la France qu'elles ont reçu une extension immense et triplé leurs produits. Elles occupent aujourd'hui les deux tiers des habitants de tout âge et de tout sexe, et environ 3,000 individus des communes voisines. Il se tient à Elbeuf quatre marchés par semaine et deux foires par an : le lundi de la Passion, un jour, et le 1er septembre, neuf jours.

Indépendamment de ses fabriques de draps

fins, cette ville compte d'importantes filatures, des lavoirs à laine, des teintureries, tanneries, moulins à foulon, ateliers pour le tondage et l'apprêtage des draps. — Entrepôts de draps de Louviers, Sedan, de laine d'Espagne, d'Italie, d'Allemagne, de grains, etc. Elle possède une chambre consultative des manufactures, une chambre de commerce et un conseil de prud'-hommes.

Elbeuf, agréablement situé, est mal bâti et mal percé. Il faut en excepter une assez belle place et quelques édifices élégants. Il y a deux églises, Saint-Étienne et Saint-Jean-Baptiste.

La première se compose d'un chœur, d'une nef et de deux collatéraux. On y remarque ses piliers octogones, sa chapelle de la Vierge, son Saint-Sépulcre et ses curieux vitraux; elle est du douzième siècle. — Saint-Jean, près du port, est plus vaste, mais moins ancien. Sa distribution est à peu près la même; et ses vitraux sont aussi fort remarquables.

Cercle littéraire, sous le nom de Société des commerçants. — *Cercle commercial.* — Salle de spectacle. — *Hôtels :* Bras d'Or, Cheval blanc, Elbeuf, Europe, France, Poste, Univers. — *Bains :* hôtels de la Poste et sur le port.

Le voisinage de la Seine, la forêt de la Londe, le joli village de Saint-Aubin, situé de l'autre côté du fleuve et les avenues du bois Landry rendent les environs d'Elbeuf fort agréables.

77. ST-AUBIN (RIVE DROITE).

Arrondissement de Rouen. — Canton d'Elbeuf. — Population, 500 habitants.

Ce charmant village, destiné à devenir un faubourg d'Elbeuf, si l'on exécute le projet qu'on a depuis long-temps d'établir un pont suspendu entre Elbeuf et cette commune, s'étend au loin sur les bords de la Seine jusqu'au hameau des Hauts et Bas-Fourneaux. Son joli château appartient à M. Landry de Saint-Aubin.

78. ORIVAL (RIVE GAUCHE).

Arrondissement de Rouen. — Canton d'Elbeuf. — Population, 1,300 habitants.

Au bout de la petite plaine d'Elbeuf, à quatre lieues de Rouen, une suite de rochers, la plupart escarpés, mêlés d'arbres toujours verts, se prolonge sur le bord de la rivière à une étendue considérable, et dérobe aux regards les forêts de la Londe, d'Elbeuf et de Rouvray. Tantôt ces rochers offrent plusieurs étages dans lesquels des familles se sont creusé des demeures, tantôt ce sont des masses de roc pendantes, toujours prêtes à s'écrouler. Il y a là aussi de très-belles caves taillées dans la pierre, servant de magasins pour les vins et les eaux-de-vie.

Ces nombreuses et chétives habitations, aux faces arides et grisâtres, inspirant la tristesse, forment, sur un espace d'une lieue, le village d'Orival et les hameaux de Roche-Foulon, Hautes et Basses-Roches et de la Roquette. Une modeste chapelle, assise sur un étroit plateau, est creusée en partie dans les flancs du rocher. Aux environs, il y a des carrières de marbre noirâtre, veiné de blanc, et de pierre calcaire, et une brasserie. On y recueille beaucoup de noix.

79. CLÉON (RIVE DROITE).

Arrondissement de Rouen. — Canton d'Elbeuf. — Population, 500 habitants.

La vue de ce village, situé près de la Seine, à quatre lieues et demie Rouen, soulage l'âme du triste aspect des rochers grisâtres de l'autre rive. Sur ces bords enchanteurs, en face d'îles couvertes d'arbres, entrecoupées de chaumières d'une couleur et d'une construction bizarre, se pressent, entre de riants coteaux et le fleuve, une suite de groupes de maisons, beaucoup plus jolies et plus nombreuses que celles de la rive gauche.

POISSY

P. 124.

80. TOURVILLE-LA-RIVIÈRE (RIVE DROITE).

Arrondissement de Rouen. — Canton d'Elbeuf. — Population, 1,000 habitants.

A quatre lieues de Rouen, au pied de coteaux couverts d'une brillante végétation, vous apercevrez le village de Tourville, et, sur le bord du fleuve, plusieurs hameaux qui en dépendent, tels que Bédanne, d'où un bac communique avec Oissel, situé sur l'autre rive; Belle-Fosse; le port d'Oissel, où l'on prend des bateaux pour Rouen, et, en dernier lieu, le Hamel.

81 OISSEL (RIVE GAUCHE).

Arrondissement de Rouen. — Canton de Grande-Couronne. — Population, 3,400 habitants.

D'Oissel jusqu'à Rouen la Seine est parsemée de petites îles, plantées de saules et de peupliers, qui contribuent au charme du paysage, et à travers lesquelles le bateau à vapeur court trop vite entre deux rives enchantées. Dans une de ces îles du même nom, les Normands se fortifièrent au neuvième siècle, et l'Académie des inscriptions a perdu son latin à découvrir laquelle. Ce qui paraît certain, c'est qu'en 858 ils y soutinrent un siége contre les Francs.

L'église de ce grand bourg montre de loin

son clocher élégant, svelte, effilé. Il y a tout près une filature de coton. Depuis quelques années, Oissel a pris une grande extension ; c'est presque une ville manufacturière ; on y compte un grand nombre de fabriques. La nouvelle flèche de la cathédrale de Rouen se voit d'Oissel.

Jusqu'en 1791, les coteaux voisins furent plantés de vignes dont le produit consolait les Normands de leur cidre. Tout passe !

82. LES AUTHIEUX (RIVE DROITE).

Arrondissement de Rouen. — Canton de Boos. — Population, 500 habitants.

Près du village des Authieux, au hameau de port Saint-Ouen, la route de Paris à Rouen se rapproche de la Seine. Sa rive étroite est bordée par une colline crayeuse, verdoyante parfois, excavée aussi pour des habitations souterraines, comme celle d'Orival. — En face du hameau un bac communique avec Oissel et St-Étienne du Rouvray ; un bateau, pour quatre sous, vous porte à Rouen.

83. BELBEUF (RIVE DROITE).

Arrondissement de Rouen. — Canton de Boos. — Population, 900 habitants.

C'est un grand village, très-agréablement situé près de la Seine, à une lieue et demie de Rouen. Autour de ce petit chef-lieu se groupent les hameaux de Saint-Crispin, de Saint-Adrien, des Gravettes et de la Poterie, qui en dépendent. Dans ce dernier se trouve un établissement industriel, une fabrique de produits chimiques. Saint-Adrien est niché avec sa petite église dans les blocs qui le dominent.

Les rochers pittoresques qui se dressent menaçants derrière ces populations sont pleins du souvenir de cette pauvre Nina, dont le théâtre a rendu l'infortune si touchante, et qu'on vit, pendant quarante ans, accablée de misère et de folie, parcourir, chaque jour, malgré les neiges, les glaces, la chaleur et les orages, ces sentiers escarpés, pour aller demander et attendre sur la route le bien-aimé que la mort lui avait ravi dans les pays lointains.

Du sommet, on découvre, pour la première fois, en arrivant de Paris par la route d'en bas, la ville de Rouen et son admirable panorama. Là est le château de Belbeuf et son parc appartenant au marquis de ce nom, son labyrinthe, ses eaux, son immense avenue, ses vastes jardins, dont les terrasses offrent une vue si majestueuse. C'est une des plus magnifiques résidences des environs de Rouen. Elle est très-fréquentée dans la belle saison par les habitants de la ville. La terre de Belbeuf fut érigée en marquisat en 1719. — Fabriques d'acides sulfurique et nitrique, soufre en canon, et sulfure de cuivre pur.

84. ST-ÉTIENNE DU ROUVRAY (RIVE GAUCHE).

Arrondissement de Rouen. — Canton de Grand' Couronne. — Population, 1,500 habitants.

Ce grand village, caché d'abord par d'épais massifs d'arbres, est situé dans la plaine qui se déroule entre Oissel et Rouen. Il doit son nom à la forêt de Rouvray, dans laquelle Guillaume-le-Conquérant se livrait au plaisir de la chasse, quand il apprit qu'à la mort d'Edouard, Harold venait de monter sur le trône d'Angleterre. La forêt de Rouvray se lie à celles d'Elbeuf et de la Londe, qui couronnent les collines contournées par la Seine entre Elbeuf et la Bouille. Elle offre près du village une carrière de marbre qui ne peut être employé que pour des pièces de peu d'épaisseur.

85. AMFREVILLE-LA-MI-VOIE (RIVE DROITE).

Arrondissement de Rouen. — Canton de Boos. — Population, 1,000 habitants.

Village à une lieue de Rouen, remarquable pour ses charmantes habitations et ses jolis jardins, échelonnés sur la colline. A un quart de lieue sur la route, le val de Lescure se dessine avec ses élégants pavillons, dont quelques-uns sont des châteaux en miniature.

86. SOTTEVILLE-LÈS-ROUEN (RIVE GAUCHE).

Arrondissement de Rouen. — Canton de Grand' Couronne. — Population, 4,000 habitants.

C'est un gros bourg, à une lieue de Rouen, duquel dépend le hameau des Quatre-Mares, situé en face d'Amfreville-la-mi-voie, sur la rive opposée, hameau solitaire où le silence n'est jamais interrompu que par la voix du pâtre qui ramène son troupeau, ou les accents plus mâles du laboureur qui gourmande son attelage.

Sotteville, dont on aperçoit de loin le clocher

pittoresque, longe le pied des coteaux que borde la forêt de Rouvray, et se lie avec le faubourg Saint-Sever, partie méridionale de Rouen. Ses belles prairies, sujettes aux inondations, engendrent des maladies graves. Il est renommé pour ses crèmes exquises que toutes les laitières du monde essaient de reproduire. C'est là que naquit en 1646 Nicolas Colombel, de l'Académie de peinture, mort à Paris en 1717.

Ce bourg possède des fabriques de colle en feuille, de savons à fouler les draps, des manufactures de toiles, des filatures, etc.

87. BLOSSEVILLE-BON-SECOURS (RIVE DROITE).

Arrondissement de Rouen. — Canton de Boos. — Population, 1,000 habitants.

Ce village, situé à demi-lieue de Rouen, et qui possède des fabriques de coton retors, moulinés, de cordonnets, de tuiles, de briques et de plâtre, est surtout célèbre dans toute la Normandie par le concours de pèlerins qui y afflue à Pâques pour y visiter la jolie chapelle gothique de Notre-Dame-de-Bon-Secours, assise au sommet de la côte, d'où la vue embrasse, d'une hauteur de 300 pieds, un immense et magnifique panorama. Cet oratoire date de la fin du treizième siècle; le portail est évidemment plus moderne; les ceps de vigne, les guirlandes, et autres ornements découpés à jour, caractérisent l'architecture des quatorzième et quinzième siècles. L'intérieur est tapissé d'*ex voto* de toute nature, de petits vaisseaux, d'épées, de béquilles, de portraits, de bouquets, de cœurs d'or ou d'argent, offerts à la mère du Christ par des marins, des soldats, de jeunes vierges et de petits enfants.

Entre Blosseville et Rouen, vous apercevrez la chapelle Saint-Paul, construction nouvelle, élevée sur l'emplacement d'un ancien temple païen ;

Puis vous irez chercher des coquillages fossiles sur la côte blanchâtre de Sainte-Catherine, d'où l'on tire de la pierre à chaux, et sur le sommet de laquelle on remarquait jadis une abbaye célèbre, que remplaça un fort redoutable, dont Henri IV s'empara en 1595. La maison qui se repose sur ce plateau avait été destinée à servir de station à une ligne télégraphique, qu'on avait le projet d'établir entre Paris et le Hâvre.

88. ROUEN (RIVE DROITE).

Arrondissement et canton de Rouen. — Population, 96,000 habitants.

Très-ancienne, grande et riche ville, à vingt-une lieues E. du Hâvre, quatorze S. de Dieppe, trente-une N. O. de Paris, chef-lieu du département de la Seine Inférieure, cour royale, tribunaux de première instance et de commerce, bourse et chambre de commerce, banque, conseil de prud'hommes, chef-lieu de la quinzième division militaire, hôtel des monnaies (lettre B), académie royale des sciences et arts, académie universitaire, collége royal, société d'agriculture, société d'assurances maritimes, école d'hydrographie, archevêché, école de peinture, de sculpture et d'architecture, bureau et relais de poste. (Etablissement de la marée, 1 heure 15 minutes.)

Rouen, séjour des Druides et capitale des Vélocasses, était déjà considérable avant la conquête des Gaules. Elle était connue des Romains sous le nom de *Rothomagus*, nom qu'elle portait encore au dixième siècle, lors de la conquête des Normands, qui le changèrent en celui de Rouen. Sous les empereurs romains, cette ville devint la métropole de la Seconde Lyonnaise. En 841 ou 842, les Normands entrèrent par l'embouchure de la Seine et s'avancèrent jusqu'à Rouen, qu'ils saccagèrent après l'avoir pillée.

Vers la fin du neuvième siècle, Rollon, chef des Normands, s'empare de la ville, qu'il fortifie. De là il répand tellement la terreur dans la contrée, que Charles III conclut avec lui un traité, en vertu duquel la Normandie forme un duché, concédé à Rollon, et dont Rouen devient la capitale.

Ce fut la résidence des ducs normands jusqu'à ce que Guillaume-le-Conquérant se saisit du trône d'Angleterre. En 1126, cette ville fut presque entièrement détruite par un incendie. Après l'assassinat du jeune Arthur, duc de Bretagne, par Jean-sans-Terre, Philippe-Auguste, en 1204, assiégea et prit Rouen, qu'il réunit à la couronne de France, ainsi que toute la Normandie. Lors de la démence de Charles VI, Henri V, roi d'Angleterre, investit cette place et ne s'en empara qu'après six mois de siége ; la famine y avait fait périr plus de 30,000 habitants. Les Anglais conservèrent Rouen durant trente années et y firent périr dans les flammes, le 20 mai 1431, l'héroïque Jeanne d'Arc.

L'accusation portée contre cette fille héroïque avait été entamée le 21 février 1431, et poussée avec un atroce acharnement par Pierre Cauchon, prélat vendu à l'étranger. Des casuistes, des prêtres, des moines, ameutés autour d'elle, ne cessèrent pendant plusieurs semaines de l'obséder des plus ridicules interrogatoires. Souvent ces hommes lui parlaient tous à la fois, ce qui porta un jour l'accusée à leur dire avec douceur : « Beaux frères, faites l'un après l'au- » tre ! » Et, lorsque, dans de longues séances, on avait bien tourmenté cette fille angélique, elle ne manquait jamais de répéter à ses juges : « Qu'elle » aimerait mieux mourir que de révoquer des » actions qu'elle avait faites pour le service du » roi de France et par l'ordre de Dieu; » ajoutant d'une voix solennelle que « bientôt les » Anglais, quoi qu'ils fissent, seraient chassés du » royaume. » L'un des principaux griefs à elle imputés était d'avoir porté des habits d'homme dans les combats, et surtout depuis qu'elle était en prison... Quant à ce dernier chef, elle répondit que cinq Anglais, commis à sa garde, ayant voulu outrager sa personne, elle avait revêtu ce costume pour se soustraire à leurs brutales attaques; et, de fait, elle ne coucha plus qu'habillée.

Voici les conclusions prises dans ce procès. Le promoteur, pensionnaire des Anglais, requérait que « Jehanne fût déclarée sorcière, devineresse, fausse prophète, invocatrice des démons, conjuratrice, superstitieuse, entièrement adonnée à la magie, sentant mal la foi catholique, sacrilége, idolâtre, apostate de la foi, blasphémant le nom de Dieu et de ses saints, scandaleuse, séditieuse, troublant la paix et, en l'empêchant, excitant la guerre; cruelle, désirant l'effusion du sang humain, excitant à l'espandre; ayant du tout abandonné et dépouillé la pudeur et décence du sexe féminin, pris l'habillement des hommes armés, sans aucune honte ni vergogne; abandonné et méprisé la loi de Dieu, de nature, et la discipline ecclésiastique devant Dieu et les hommes; séduisant les princes et les peuples; ayant consenti qu'on l'adorât et qu'on lui baisât les mains et les vêtements, au grand mépris et injure de l'honneur et du culte de Dieu... » Il demandait, en conséquence : « Qu'elle fût déclarée hérétique, ou, à tout le moins, grandement suspectée d'hérésie, et punie légitimement, selon les institutions divines et canoniques. »

Telles furent les conclusions, entièrement vides de faits positifs et coupables, dépourvues de la moindre base d'une vérité évidente, qui résultèrent de la discussion d'environ soixante-dix chefs d'accusation, dont il avait été impossible de faire jaillir la moindre vraisemblance du plus léger crime. La première sentence ne condamna toutefois Jeanne d'Arc qu'à une prison perpétuelle. « Et, dès lors, dit Étienne Pasquier, dans ses *Relations sur la France*, Jehanne reprit ses habits de femme, et l'envoya-t-on en une prison, les fers aux pieds; ce néanmoins furent mis des habillements d'homme près d'elle, pour voir quels seraient ses déportements. Elle ne fut pas sitôt seule et revenue à son second penser, qu'elle fit pénitence de son abjuration, et reprit ses premiers habits. Le lendemain, visitée et estant trouvée dans son ancien appareil, et interrogée sur ce changement, elle répond l'avoir fait par l'ordre exprès des saints, et qu'elle aimait mieux obéir aux commandements de Dieu que des hommes. A ces mots, on la déclare hérétique, relapse; et, tout de suite, elle est renvoyée au bras séculier, où elle est condamnée à être brûlée vive. »

L'infortunée Jeanne, abandonnée de l'apathique, de l'ingrat Charles VII, qu'elle avait replacé sur son trône, fut conduite sur la place du Vieux-Marché, où l'on avait élevé un bûcher. Elle portait une mitre sur laquelle on lisait, *hérétique, relapse, apostate, idolâtre*. Devant elle, on promenait un écriteau couvert de grossières injures contre cette illustre victime, dont la mort cruelle ne pouvait assouvir la haine de ses ennemis. La fermeté de Jeanne ne se démentit pas un instant. Du milieu des flammes, elle élevait les yeux au ciel; on ne cessa de l'entendre invoquer le nom et l'assistance du Christ que lorsqu'elle eut rendu le dernier soupir. « Ce qui étonna même le bourreau, dit l'historien Langlet, c'est qu'il ne put jamais faire brûler son cœur, quelque grand feu qu'il fît. Les Anglais le firent jeter dans la rivière avec le reste de ses cendres et de ses ossements. »

Malgré tout ce qu'il y a de positif, de vrai et de vraisemblable dans cet horrible assassinat juridique, des doutes plus ou moins fondés se sont élevés à plusieurs reprises touchant cette catastrophe. Le *Mercure* de novembre 1683 rapporte une lettre écrite à M. de Grammont, dans laquelle on soutient que, non-seulement l'héroïne ne fut pas brûlée, mais qu'elle se maria depuis son retour de l'armée, et qu'elle eut des enfants et des descendants qui se firent gloire de son origine. Le même *Mercure* donne l'extrait d'un vieux manuscrit dans lequel on lit : « L'an 1436 et le vingtième jour de mai de l'an dessus dit, vint Jehanne, la *Guerrière*, qui avoit été en France à la *grand oz armes*, près de Saint-Privé ; elle y fut amenée pour parler à aucuns des sieurs de Metz, et se faisant appeler Claude ; et le propre jour y viendrent la voir ses deux frères, dont l'un était chevalier et s'appeloit messire Pierre, et l'autre petit Jehan, écuyer, et cuidoient qu'elle fût arse (brûlée), et tantôt qu'ils la virent, ils la cognurent, et aussi fit elle eux ; et le lundi vingt-unième jour dudit mois, ils amènent leur sœur avec eux à Boquelon ; et lui donne le

sieur Nicole, comme chevalier, un roussin, au prix de trente livres et une paire de houssels; et sieur Aubert Boullé, un chaperon, et sieur Nicole Grognet, une épée. Et la dite Jehanne saillit sur le dit cheval, très-habilement, et dit plusieurs choses au sieur Nicole, comme dont il entendoit que c'étoit elle qui avoit été en France, et fut reconnue par plusieurs enseignes pour la Jehanne de France, qui a menet sacrer le roi Charles à Reims, et viendrent dire plusieurs qu'elle avoit été arse en Normandie, etc. »

On trouve encore plusieurs détails tendant à soutenir cette singulière assertion historique dans l'ouvrage intitulé : *Curiosités historiques ou Recueil de pièces utiles à l'histoire de France*, tome II, page 254 (1).

Rouen rentra dans la grande famille française, sous Charles VII, lors de l'expulsion des Anglais. Puis elle fut encore assiégée par Charles IX et par Henri IV. Antoine de Bourbon, roi de Navarre et père de Henri IV, y avait été blessé mortellement en ouvrant la tranchée.

Cette ville est dans une situation admirable, sur la rive droite de la Seine, dans une ma-

---

(1) *Histoire des Environs de Paris*, par Dulaure. — *Idem*, par Touchard-Lafosse.

gnifique vallée couronnée de hautes collines, coupées par les vallées de Déville et de Darnetal. Elle est dans l'intérieur généralement mal bâtie : grand nombre de maisons y sont construites en bois à étages surplombés ; les rues y sont étroites et tortueuses comme au moyen âge ; mais les quartiers nouveaux sont disposés avec élégance, le quai est superbe et offre une vue magnifique sur le cours de la Seine, couverte de navires et de bateaux. La marée qui y monte très-haut y amène des navires de 200 et 300 tonneaux. L'aspect de la ville est riant et pittoresque ; les coteaux environnants qui s'élèvent en amphithéâtre, les îles et les prairies qui parsèment la Seine, les cours et les promenades qui l'entourent, la beauté du fleuve, couvert de bâtiments de commerce de presque toutes les nations, présentent le coup d'œil le plus animé. Ses remparts ont disparu pour faire place à de jolis boulevards, dont les allées offrent de charmantes promenades. Deux rivières, l'Aubette et le Robec, contribuent puissamment à la salubrité et à l'industrie de ses habitants (1). — Sur la rive gauche de la Seine est situé le faubourg Saint-Sever, plus grand, plus

---

(1) *Guide Pittoresque du Voyageur en France*, chez Didot, rue Jacob, 24.

peuplé, et renfermant plus de fabriques que beaucoup de villes de France.

On remarque parmi les édifices de Rouen le vieux château qui date de Philippe-Auguste, la tour de la grosse horloge élevée en 1389,

l'ancien Hôtel-de-Ville, le Palais-de-Justice, achevé en 1499; l'église métropolitaine, où Rollon reçut le baptême en 912, et la tour de Beurre; le Palais archiépiscopal, l'abbaye de

Saint-Ouen, l'ancienne abbaye de Saint-Amant, les églises de Saint-Maclou, de Saint-Patrice, de Saint-Romain, de Saint-Vincent, de Saint-Gervais, de la Madelaine, de Saint-Godard, de Saint-Laurent, de Saint-Vivien, le temple des protestants; les fontaines de Lisieux, de la Pucelle, de la Crosse, de la Grosse-Horloge, de la Croix de pierre,

les halles, le port, le pont de pierre, à l'extrémité de l'île Lacroix, avec la statue en bronze de Corneille, par David d'Angers;

le pont suspendu construit par MM. Séguin et Colin; plusieurs places et marchés, le grand cours, la statue de Boïeldieu, sur le cours qui porte son nom; le théâtre des Arts, le Théâtre-Français, trois belles casernes, les prisons, la Romaine ou la douane, le tribunal de commerce, ou les Consuls; l'hôtel des Monnaies, l'Hôpital général, l'Hôtel-Dieu, l'Asile des aliénés, le Collége royal, le jardin botanique, les abattoirs, le

Musée, fondé en 1809 par Napoléon, qui le dota de plusieurs tableaux, les Musées d'antiquités et d'histoire naturelle, la Bibliothèque publique, contenant 40,000 volumes et 1,300 manuscrits; la maison de Pierre Corneille, celle de Fontenelle; l'hôtel du Bourg-Théroulde, aux curieux bas-reliefs du camp du Drap d'or. — A l'horizon s'élèvent les côtes de Canteleu, du Mont-aux-Malades, du Mont-Fortin, de Sainte-Catherine, des Sapins et de Bon-Secours.

Industrie. — **Manufactures importantes de tissus de coton, connus sous le nom de rouenneries; fabriques de draps, calicots, indiennes, siamoises, nankins, draps de coton, mouchoirs, châles de coton, velours, bonneterie, couvertures, molletons, flanelles, peignes d'ivoire et de corne, confitures, liqueurs fines, colle forte, savons, acides minéraux et produits chimiques, faïence, papiers peints, toiles cirées, plomb de chasse et laminé, cartes, cartons, pains à cacheter, rouge d'Angleterre, cardes, filatures de coton et de laine, teintureries, raffineries de sucre, blanchisseries, tanneries, curanderies, épurations d'huiles, brasseries. fonderies de cuivre et de fer, scieries, cylindres, calandres, moulins à fouler et à presser les étoffes. L'art de confire les fruits y est porté à un haut degré de perfection.**

Commerce. — Grains, farines, vins, eaux-de-vie, salaisons, huiles de poisson, cuirs, drogueries, épiceries, teintures, cotons en laine et filés, chanvre, laine, fer, ardoises, brai, goudron, draps, toiles, rouenneries, etc. Entrepôt réel de denrées coloniales et autres marchandises de l'étranger. Commerce d'importation et d'exportation avec l'Amérique, l'Italie, le Levant, l'Espagne, le Portugal, la Hollande, l'Angleterre, le Nord, et tous nos départements maritimes (1). — Foires : 20 février, veille de l'Ascension, 28 juin et 23 octobre.

Biographie. — Rouen est la patrie de Pierre et de Thomas Corneille, de Fontenelle, de Pradon, de Basnage, de Benserade, du voyageur Paul Lucas, des pères Berruyer, Brumoy, Daniel, Sanadon, des peintres Jouvenet, Restout, Letellier, Géricault, de Mlle Champmeslé, de Mme le Prince de Beaumont, de Mme du Boccage, de Boïeldieu, d'Armand Carrel, du chimiste Dulong et d'un grand nombre d'autres personnages distingués.

(1) *Ibidem.*

HOTELS.

ALBION, *Smith*, quai du Havre.
ANGLETERRE, *Mersaut-Desbarres*, quai du Havre.
BOURGOGNE, rue Thouret, n° 11.
ETATS-UNIS, *Miette*, quai du Havre, 2 et 4.
FRANCE, rue des Carmes, 99.
LISIEUX, rue de la Savonnerie, 4.
LYON, rue Grand-Pont.
MESSAGERIES-ROYALES, rue du Bec, 8.
MIDI, *Mariotte*, rue des Charrettes, 48.
NORD, rue de la Grosse-Horloge, 91.
NORMANDIE, rue du Bec, 13.
PAIX, rue des Iroquois, 7.
PARIS, rue de la Savonnerie, 11.
POMME-DE-PIN, *Maubant*, rue St-Jean, 24.
ROUEN, *Mme Clark*, quai d'Harcourt, 75.
VATEL, *Delamay*, rue des Carmes, 70.
VÉLOCIFÈRES, rue du Bec, 21.
VIEUX-PALAIS, place Henri IV, 1.

RESTAURANTS.

Café de France, rue des Carmes.
Heurtevent, cours Boieldieu.
Hiesse, cours Boieldieu.
Jacquinot, cours Boieldieu.

DÉJEUNERS A 1 FR. 25, C. DINERS A 2 FR.

Duplan, quai de Paris.
Trois-Journées, rue Grand-Pont.

CAFÉS.

Auguste, rue des Charrettes.
De la Crosse, rue de l'Hôpital.
De Foy (Lamotte), rue des Charrettes.
De France, rue des Carmes.
Thillard, rue des Charrettes.

BAINS.

Corneille, boulevard Cauchoise.
Du Chemin, île Lacroix.
Du Pont-Neuf, île Lacroix.
Mandarins, quai aux Meules.
Thillard, rue de la Comédie.

CERCLES DU COMMERCE.

Société du Grand-Pont, Cercle de l'Union, Cercle du Commerce, Société Saint-Louis

POSTES

Aux lettres, rue Saint-Nicolas.
Aux chevaux, rue Fontenelle, 20.

DILIGENCES.

Messageries royales, rue du Bec, 10.
Messageries générales, Laffitte-Caillard, rue Thouret, 15.
Jumelles, rue du Bec, 12 et 21.

BATEAUX A VAPEUR POUR PARIS ET POUR LE HAVRE.

Pour Paris. — Les *Dorades* et les *Etoiles*; départ à 5 heures du matin; arrivée à 6 heures du soir. Au cours la Reine, en amont du pont de pierre.

Pour le Havre. — La *Normandie* et la *Seine*; départ et arrivée aux marées descendante et montante. Au quai du Havre, vis-à-vis le grand hôtel de Rouen.

OUVRAGES A CONSULTER SUR ROUEN.

Recherches sur l'histoire de Rouen, par Th. Licquet, in-8°; *Rouen, son histoire, ses monuments, son industrie*, par le même, in-18; *Description historique des maisons de Rouen les plus remarquables*, par E. de la Quérière, in-8°; *Dictionnaire indicateur des rues et places de Rouen*, par Périaux, in-8°; *Description de la cathédrale de Rouen*, par Gilbert, in-8°; *Tombeaux de la cathédrale de Rouen*, par A. Deville, in-8°; *Description de l'église de Saint-Ouen de Rouen*, par Gilbert, in-8°; *Stalles de la cathédrale de Rouen*, par E. H. Langlois, in-8°. (Chez Edouard Frère, quai de Paris, 45, à Rouen.)

89. PETIT-QUEVILLY (RIVE GAUCHE).

Arrondissement de Rouen — Canton de Grand-Couronne. — Population, 2,100 habitants.

Village à trois quarts de lieue O. de Rouen, dans une vaste plaine au-delà de laquelle s'étend la forêt de Rouvray, où les Druides célébraient jadis les mystères sanglants de leur culte. Le fleuve est semé d'îles verdoyantes, entre lesquelles on remarque celle du Petit-Guay; des prairies émaillent la rive. Partout de longs peupliers et des saules au pâle feuillage. Il y a dans cette commune des fabriques de toile et de produits chimiques, des raffineries de sucre, des ateliers pour la construction des machines.

90. GRAND-QUEVILLY (RIVE GAUCHE).

Arrondissement de Rouen. — Canton de Grand-Couronne. — Population, 2,500 habitants.

Ce village, situé à une lieue S. O. de Rouen, dans une vaste plaine, existait déjà trente ans avant la prise de possession de la Normandie par Rollon. Dès 1160, Henri II, roi d'Angleterre et duc de Normandie, y avait un manoir royal, dont on fit une léproserie, aujourd'hui détruite, à l'exception de l'église de Saint-Julien. Une abside semi-circulaire en forme le chevet; moins large que le corps de l'édifice, elle a aussi une toiture moins élevée. Dans l'intérieur, c'est l'architecture contournée du onzième siècle, courant en rubans légers sur une file non interrompue d'arcades. A l'extérieur, le mur est surmonté de bizarres corbeaux, mais un cordon gracieux règne au-dessus des fenêtres et les embrasse de ses contours arrondis. Cette église, le plus intéressant et le mieux conservé des monuments de l'architecture à plein cintre des environs de Rouen, sert aujourd'hui de grange. — La commune de Grand-Quevilly a une foire annuelle.

91. CANTELEU (RIVE DROITE).

Arrondissement de Rouen. — Canton de Maromme. — Population, 3,200 habitants.

Ce bourg est situé à une lieue et quart de

Rouen, sur le sommet de coteaux qui dominent le cours du fleuve, et derrière lesquels s'étend la forêt de Roumare, où le vaillant Rollon allait chasser, et où, disent les chroniques, il suspendait aux arbres ses bracelets d'or, sans craindre les voleurs, tant il avait su réprimer le crime dans ses états. Les hauteurs de Canteleu sont couronnées par de jolies maisons de campagne et par un château magnifique, dont les jardins ont été plantés par Le Nôtre; il est la propriété de M. Élie Lefèvre, qui y exerce la plus noble hospitalité, et qui y a réuni une superbe collection de gravures modernes de différentes écoles. La façade a été diminuée au dernier siècle par la suppression des pavillons qui en formaient les deux ailes; mais sa belle architecture a été respectée. Le parc de Canteleu, dans une position délicieuse, appartient à Mme Le Tellier. C'est de là que Voltaire a écrit à ses amis plusieurs lettres insérées dans ses œuvres. Du sommet de la colline, sous la terrasse du château, au sud de la route, s'offre à vos regards un des plus beaux spectacles que le pinceau puisse reproduire; l'œil embrasse, dans un rayon de plus de quatre lieues, la ville de Rouen avec les flèches de ses nombreuses églises, le cours sinueux de la Seine jusqu'à Elbeuf, la ville de Déville, de nombreuses îles et de vastes prairies. — Il s'y fait un grand commerce en bois et en excellent cidre qu'on récolte sur son territoire. Il y a une foire annuelle le 12 septembre.

A peu de distance de Canteleu, la Seine reçoit la jolie petite rivière de Cailly ou de Bapaume, qui fertilise la forêt de Déville, et fait mouvoir un grand nombre d'usines, dont les plus renommées sont celles de Bapaume, hameau dépendant de Canteleu, situé à trois quarts de lieue O. N. O. de Rouen, et peuplé de 600 habitants environ. Il y existe une blanchisserie, une filature hydraulique de coton, des fabriques d'indiennes, de toiles peintes, de cravates-mousseline et des teintureries en coton.

92. PETIT-COURONNE (RIVE GAUCHE).

Arrondissement de Rouen. — Canton de Grand-Couronne. — Population, 1,800 habitants.

Village à deux lieues S. O. de Rouen, près de la forêt de Rouvray. La grande route de Honfleur à Rouen ne s'écarte pas du bord du fleuve. Plus loin des coteaux s'élèvent en cônes nombreux, que séparent des gorges étroites qui se glissent entre leurs bases. Les sommets de ces coteaux offrent une ligne sinueuse de cercles rentrants et sortants qui serpentent comme un feston et enveloppent élégamment la plaine.

93. GRAND-COURONNE (RIVE GAUCHE).

Arrondissement de Rouen. — Canton de Grand-Couronne. — Population, 1,200 habitants.

A deux lieues et demie S. O. de Rouen, un peu en arrière de Petit-Couronne. Il y a dans cette commune une manufacture de tulle de coton qui occupe un grand nombre d'ouvriers, et obtient de justes encouragements à toutes nos expositions publiques.

94. VAL-DE-LA-HAYE (RIVE DROITE.)

Arrondissement de Rouen. — Canton de Grand-Couronne. — Population, 700 habitants.

Ce petit village, caché dans un vallon solitaire, à deux lieues et demie S. O de Rouen, doit sa réputation européenne à un épisode du retour de la dépouille mortelle de l'empereur Napoléon. C'est devant cette commune qu'en décembre 1840 le précieux cercueil a été transbordé du bateau à vapeur la *Normandie*, qui l'avait pris à Cherbourg, sur la *Dorade*, n° 3, capitaine A. Garay, qui devait le transporter jusqu'aux environs de la capitale.

Sur une ligne parallèle, en face de charmantes îles, vous apercevrez les jolis jardins de ce village et ceux de Biessart, de Dieppedal, où l'on exploite le bitume, et de Croisset. Les collines qui les abritent sont de vraies *Côtes d'Or*. Là, dans de vastes souterrains creusés dans leurs flancs, on conserve des vins de Bourgogne, de Champagne, de Bordeaux, de Provence et de tous les crûs du royaume, destinés peut-être à d'homicides mélanges.

95. HAUTOT (RIVE DROITE).

Arrondissement de Rouen. — Canton de Grand-Couronne. — Population, 300 habitants.

Ce petit village, voisin de la forêt de Roumare, et situé à deux lieues et demie de Rouen, est entouré de toutes parts de jolies maisons de campagne, qu'on nomme encore des châteaux, et qui, pour la plupart, ont vue sur la Seine. Ces résidences champêtres n'offrent aucun souvenir historique. Il faut en excepter peut-être le beau domaine de M. Lezurier de la Martel, ancien maire de Rouen, et surtout la commanderie de Saint-Vaubourg, habitée par Mme Fizeaux, sa fille.

96. MOULINEAUX (RIVE GAUCHE).

Arrondissement de Rouen. — Canton de Grand-Couronne. — Population, 500 habitants.

Ce village, bâti dans une belle situation, près

de la forêt de la Londe, est situé à trois lieues et demie de Rouen. On admire sa jolie petite église qui remonte au treizième siècle. Sur le plateau qui domine le village s'élevait autrefois le fameux château de Robert-le-Diable : il n'en reste que des ruines, vagues comme sa chronique, des pierres entassées, que le temps a couvertes d'une végétation vigoureuse. Vers le nord devait s'élever une tour : les accidents du terrain indiquent assez la place du pont-levis et des fossés. Plusieurs historiens rapportent que Jean-sans-Terre partit de là pour aller chercher Arthur de Bretagne, son neveu, qu'il fit périr dans la tour de Rouen.

Presqu'au pied du château de Robert-le-Diable est une maisonnette, bâtie de bois et de plâtre, et précédée d'une pelouse entourée de haies vives. On l'appelle la *Vacherie*. C'est là que Mme du Bocage, née à Rouen, a écrit une partie de sa *Colombiade* et quelques tragédies, pauvre femme qui se croyait poète, parce qu'elle était jolie et qu'on la flattait. « Voltaire, dit Grimm, la couronna de lauriers d'une main, en lui faisant les cornes de l'autre, et tirant la langue d'une aune aux yeux de vingt convives. J'étais fâché, ajoute-t-il, de voir le premier poète de France violer ainsi les devoirs de l'hospitalité. »

97. SAHURS (RIVE DROITE).

Arrondissement de Rouen. — Canton de Grand-Couronne. — Population, 800 habitants.

Le village qui s'élève entre la Seine et la forêt de Roumare, en face de la Bouille, à trois lieues et demie de Rouen, est Sahurs, dont le château appartient à M. de Trémauville. La position de cette demeure est charmante. La petite église, bâtie à mi-côte, est du plus pittoresque effet.

98. LA BOUILLE (RIVE GAUCHE.

Arrondissement de Rouen. — Canton de Grand-Couronne. — Population, 1,200 habitants.

Ce bourg est bâti sur la pente et au pied d'un

coteau escarpé, à trois lieues trois quarts S. O. de Rouen, à l'entrée de la forêt de la Londe. Un joli chemin, qui serpente sur le bord de la Seine, y mène de Caumont. Une longue avenue de peupliers l'unit à Moulineaux. La Bouille est le point de départ des voyageurs qui se rendent à Rouen, en arrivant de Pont-Audemer et des villes du Calvados, et le point d'arrivée de ceux qui vont en sens inverse. Ceux-ci sont obligés de faire charger leur bagage sur des chevaux pour gagner, au haut de la côte, la route de Honfleur, qui s'enfonce dans l'intérieur des terres. Tous les jours, deux bateaux à vapeur font quatre fois le voyage. Le revers de la colline est si abrupte que les maisons du bourg semblent posées comme sur des étagères. Les amateurs de géologie vont visiter aux environs la carrière *Jacqueline*, célèbre par la beauté et la variété de ses stalactites. Un cours d'eau transforme en lacs quelques-unes des salles de cette grotte et y entretient une éternelle fraîcheur. On évalue à plus de 500 pieds de longueur les chambres souterraines qu'on y parcourt. — La Bouille a une tannerie dont les produits sont assez estimés.

99. CAUMONT (RIVE GAUCHE).

Département de l'Eure. — Arrondissement de Pont-Audemer. — Canton de Routot. — Population, 900 habitants.

Ce village, situé à six lieue et demie E. de Pont-Audemer et trois lieues trois quarts S. O. de Rouen, est remarquable par ses carrières de pierre de taille, qui se prolongent près de deux lieues, et se réunissent à celles de la Bouille. Dans l'une d'elles se trouve une grotte extrêmement curieuse ; c'est une petite salle de forme ovale, dont le plafond est hérissé de stalactiques pointues et délicates, d'une couleur qui varie depuis le jaune-noirâtre jusqu'au blanc le plus éblouissant. — Il existe à Caumont une fabrique de fers fins, de tous échantillons, dont la qualité est appréciée dans le commerce et dans les arts.

100. SAINT-PIERRE-DE-MANNEVILLE (RIVE DROITE).

Département de la Seine-Inférieure. — Arrondissement de Rouen. — Canton de Grand-Couronne. — Popul., 1,100 habitants.

Ce village est situé près des bords de la Seine, à peu de distance de la forêt de Roumare, à trois lieues et quart S. O. de Rouen. Il n'offre rien de bien remarquable.

101. QUEVILLON (R VE DROITE).

Arrondissement de Rouen. — Canton de Duclair. — Population, 500 habitants.

Petit village à trois lieues de Rouen et à peu de distance de la Seine. Il est adossé à la forêt de Roumare.

102. SAINT-MARTIN-DE-BOSCHERVILLE (RIVE DROITE.)

Arrondissement de Rouen. — Canton de Duclair. — Population, 1,300 habitants.

Ce village, éloigné de deux lieues O. de Rouen, et connu également sous le nom de St-Georges-de-Boscherville, portait au dixième siècle le nom de *Baucheri-Villa*. Il doit celui de *Saint-Georges* à une abbaye de Bénédictins, fondée, en 1060, par Raoul de Tancarville, chambellan de Guillaume-le-Conquérant. Une partie des bâtiments du monastère a été abattue; mais l'église et le chapitre sont encore debout. L'église est fort massive, sans arcs-boutants ni piliers boutants; elle a 66 m. 92 c. de long en dedans, 19 m. 49 c. de large et 16 m. 24 c. de haut; la croisée a 31 m. 18 c. de long sur 7 m. 44 c. de large; elle est terminée en rond-point aux deux extrémités. Le clocher a 58 m. 47 c. de haut. Deux tours, longues et grêles comme des obélisques, accompagnent à droite et à gauche le grand portail. Ce monument appartient tout entier à l'architecture à plein cintre. Les deux petites campanilles du portique et une fenêtre en ogive ont seules été élevées après coup. La salle capitulaire, voisine de l'église, est une des plus brillantes et des plus curieuses productions des arts au moyen âge. En 1822, le département de la Seine-Inférieure, sur la demande de la commission des antiquités, s'empressa de concourir à l'acquisition de ce charmant édifice, menacé de destruction.

Cette église devait recevoir la dépouille mortelle de Guillaume-le-Conquérant, le vainqueur de Hastings, délaissé par des serviteurs ingrats au moment où il venait de rendre le dernier soupir, en plein champ de bataille, et abandonné tout nu sur son lit de mort pendant plusieurs heures. Ce prince, qui avait gagné un royaume, faillit manquer de cercueil. Un chevalier Helluin se chargea des frais de l'enterrement; et les moines de Saint-Georges-de-Boscherville conduisirent processionnellement le corps du roi d'Angleterre à leur église.

103. BARDOUVILLE (RIVE GAUCHE).
Arrondissement de Rouen. — Canton de Duclair. — Population, 300 habitants.

Ce petit village est bâti dans une situation pittoresque, à trois lieues de Rouen, sur le bord de la Seine, au pied d'un coteau boisé, dont le sommet est couronné par un ancien château. Dans l'immense détour que fait le fleuve pour enceindre de sa rive gauche la forêt de Mauny, propriété de M. Remy Caban, et qui s'étend de Bardouville à Caumont, il arrose le joli village de Beaulieu, situé sur la lisière des bois en face de Quevillon, qui, sur la rive droite, s'avance également en sentinelle perdue devant la forêt de Roumare.

104. AMBOURVILLE, BERVILLE ET ANNEVILLE (RIVE GAUCHE).

Arrondissement de Rouen. — Canton de Duclair. — Population, 250, 400 et 550 habitants.

Ces trois villages sont situés à trois lieues, trois lieues et demie et trois lieues trois quarts de Rouen, presque sur la même ligne, à l'extrémité de la presqu'île que forme la Seine pour étreindre la forêt de Mauny, et en face de Duclair. On aperçoit près d'Anneville le château de M. Darcel, colonel de la garde nationale de Rouen, et, non loin de là, un hôpital fondé et doté par son oncle, négociant estimable, mort il y a quelques années.

105. DUCLAIR OU DUCLER (RIVE DROITE).

Arrondissement de Rouen. — Canton de Duclair. —
Population, 1,800 habitants.

Ce bourg est situé à quatre lieues O. N. O. de Rouen, dans une position agréable, sur le bord de la Seine, près de son confluent avec l'Austreberte. Il consiste dans une rangée de maisons qui longent le fleuve, adossées à des falaises blanchâtres, dont quelques-unes présentent des formes bizarres et quelquefois des masses imposantes. C'était autrefois le siége d'un monastère que pillèrent les Normands.

Tout près de là, un rocher, plus élevé que les autres et d'une forme plus bizarre encore, porte le nom de *Chaire de Gargantua*. Vis-à-vis apparaissent de jolies maisons de campagne ; trois quarts de lieue avant Duclair, au hameau de la Fontaine, on voit les ruines d'un ancien édifice, connu sous le nom de Chapelle Sainte-Anne.

Il n'en reste qu'une seule chambre, ornée d'une cheminée curieuse, sous le double rapport de la construction et des ornements. De la Fontaine à Duclair, la route, presque tirée au cordeau au pied d'une chaîne de rochers abruptes, est d'un effet sauvage et pittoresque. Là, de pauvres familles ont creusé leurs habitations souterraines.

Duclair possède des fours à chaux, une filature et un marché en renom dans toute la contrée pour le commerce des grains et de la volaille, particulièrement des canards. Les aloses et les éperlans qu'on pêche dans ces parages jouissent aussi d'une grande réputation, car leur mérite s'accroît de la distance où on les prend de l'embouchure de la Seine. Duclair a trois foires annuelles, les mardis de Pâques et de l'octave de la Fête-Dieu et le 10 octobre. Elles ont principalement pour objet le commerce des chevaux, des bestiaux, des cuirs, des meubles et de la quincaillerie.

106. MÉNIL-SOUS-JUMIÉGES (RIVE DROITE).
Arrondissement de Rouen. — Canton de Duclair. — Population, 500 habitants.

Ce village, situé près de la Seine, à cinq lieues trois quarts de Rouen, doit son nom au *manoir* ou *ménil* qu'y habita la belle Agnès Sorel pendant le séjour de Charles VII à l'abbaye de Jumiéges, et où mourut, le 9 février 1449, *ceste noble damoiselle*, dame de Beauté, *piteuse envers toutes gens* et *qui largement donnoit de son bien aux églises et aux pauvres*, comme disaient les moines du couvent. Elle expira naturellement des suites d'une couche, ce qui n'empêcha pas la calomnie d'accuser de sa mort Jacques Cœur, l'argentier du roi. La maison, aujourd'hui habitée par un laboureur, charme le voyageur par son aspect mystérieux, avant qu'il se soit informé des premiers maîtres de cette demeure ; elle n'offre cependant rien de remarquable à l'intérieur ; mais les murs couverts des chiffres d'Agnès et les croisées gothiques subsistent tels qu'ils étaient au temps de *la belle des belles*. Ce petit édifice est entouré d'un bois et ombragé par un vieux châtaignier que l'on dit contemporain de l'amante de Charles VII.

107. GUENONVILLE (RIVE GAUCHE).

Département de l'Eure. — Arrondissement de Pont-Audemer. — Canton de Routot. — Population, 350 habitants.

Petit village, près de la Seine, à quatre lieues et demie de Pont-Audemer, en face de Ménil-sous-Jumiéges. Il est adossé à la forêt de Brotonne, où les rois de France de la première race venaient jouir du plaisir de la chasse. On voit tout près un chêne à trois fourches réunies à la base, formant un réservoir qui, dans les grandes chaleurs, contient de 3 à 5 pieds d'eau. On l'appelle *la Cuve*.

108. LE LANDIN (RIVE GAUCHE).

Arrondissement de Pont-Audemer. — Canton de Routot. — Population, 300 habitants.

Petit village à quatre lieues et demie de Pont-Audemer. Le fleuve baigne le pied des collines dont le joli château du Landin couronne le sommet. Placé dans un des plus beaux aspects de la rive gauche, ce château mérite d'être visité pour sa situation et ses bois. Les collines, qu'on prendrait de loin, dit un auteur (1), pour les vertèbres d'un géant, sont rangées avec symétrie. Leurs bases, qui se touchent, tombent brusquement dans la Seine, et l'intervalle qu'elles laissent entre elles forme une infinité de vallées qui s'élargissent au sommet et se couvrent d'arbres et d'arbustes qui semblent se complaire dans ces enfoncements.

109. JUMIÉGES (RIVE DROITE).

Département de la Seine-Inférieure. — Arrondissement de Rouen. — Canton de Duclair. — Population, 2,000 habitants.

Ce bourg est situé à quatre lieues et demie O. de Rouen et à une lieue et quart S. S. O. de Duclair, près de la forêt du Trait, dans une

(1) J. Morlent, *Voyage historique et pittoresque*.

presqu'île délicieuse que forme la Seine. S'il mérite surtout d'attirer notre attention, c'est à cause de son ancienne et opulente abbaye qui fut en divers temps le théâtre de grands événements historiques. Son nom ancien était *Gemeticum*, de *gemma*, pierre précieuse.

Il n'y avait là encore, au septième siècle, qu'un désert marécageux, couvert de bois et presque inhabité. Clovis II en fit don à saint Philibert, qui, vers 560, y fonda une abbaye commendataire de Bénédictins, dont il fut le premier supérieur. Cette abbaye eut, dès son origine, un territoire qu'on peut évaluer à quatre lieues de circuit. Les moines, au nombre de 900, plus 1,500 convers, faisaient fleurir l'agriculture sous les murs de leur demeure; et leurs industrieux travaux avaient mis leurs possessions à l'abri des ravages du fleuve. Près de 1,200 villageois étaient réunis autour de cette espèce de république, que les rois se plaisaient à visiter. On y voyait deux églises. Les Normands les brûlèrent toutes deux en 841 et 851.

Guillaume-Longue-Épée, fils de Rollon, le Lycurgue normand, fit reconstruire, en 930, l'abbaye, dont on admire encore les ruines majestueuses. Il y eut, comme précédemment, deux églises. Celle qui était consacrée à la Vierge, et qui ne fut achevée que par l'abbé Robert II,

ABBAYE DE JUMIÉGES.

P. 268.

était d'une grande magnificence ; on parle d'une flèche élevée à une hauteur immense au-dessus de la croisée, et qui fut détruite en 1573 parce qu'elle menaçait ruine.

La dédicace de cette basilique avait été faite en 1067 par saint Maurille, archevêque de Rouen, en présence de Guillaume-le-Conquérant.

Là, Tassillon, duc de Bavière, avait été contraint par Charlemagne de prononcer avec son fils des vœux monastiques.

Les deux églises de Jumiéges renfermaient les tombeaux d'un grand nombre de personnages illustres. Il est une de ces sépultures qui a exercé long-temps la sagacité des antiquaires ; elle représentait deux jeunes seigneurs, couchés côte à côte sur le dos, de l'âge de seize à dix-sept ans, revêtus de la longue robe des nobles de la première race, la tête ceinte d'une espèce de diadème. Les chroniqueurs ont prétendu que c'étaient les deux fils de Clovis II qui, s'étant révoltés contre leur père, avaient eu *les nerfs des pieds et des jarrets* coupés et brûlés ; et qu'ainsi mutilés, on les avait abandonnés sur la Seine dans un bateau sans gouvernail. Ce bateau, à travers mille périls, les aurait portés devant l'abbaye de Jumiéges, où l'abbé les aurait recueillis, c'est ce qu'on a appelé les *énervés de Ju-*

miéges (1). Les érudits, suivant l'usage, nient cette tradition; mais, comme ils n'ont rien à mettre à la place, il faut bien s'en contenter en attendant mieux.

Il est sorti de l'abbaye de Jumiéges plusieurs hommes illustres, tels que saint Hugues, saint Eucher et l'historien de Normandie, Guillaume de Jumiéges. Ce fut dans les neuvième et dixième siècles un séminaire d'évêques, dont il est souvent parlé dans l'histoire de l'Église gallicane. Les principaux manuscrits de l'abbaye ont été transportés à la bibliothèque de Rouen.

Charles VII, dépouillé de la presque totalité de son royaume, se retira à Jumiéges, où il résida long-temps. Ce fut tout près de là, au Ménil, qu'il perdit sa belle maîtresse Agnès Sorel, dont le corps fut inhumé à Loches, et son cœur et ses entrailles conservés à l'abbaye, où les moines leur élevèrent un magnifique monument en marbre dans la chapelle de la *Vierge*. Durant la révolution le peu de poussière qui représentait le cœur d'Agnès fut jeté au vent; le marbre qui le recouvrait fit long-temps partie du balcon d'une maison construite au haut de la rue St-Maur, à Rouen : il a été rendu à sa première

---

(1) *Essai sur les Enervés de Jumiéges*, par M. H. C. Langlois, in-8°. A Rouen, chez Frère, libraire, quai de Paris, 45.

destination en 1838. Le tombeau des *énervés* ne fut pas plus respecté, ni les statues des fondateurs Clovis II, sainte Bathilde, sa femme, saint Philibert, saint Hugues, Rollon, Guillaume-Longue-Épée, Charles VII, etc. Les murs de la plus ancienne abbaye du royaume ont été dépouillés de leurs ornements, transportés à grands frais en Angleterre.

« Rien de plus imposant, dit un écrivain, qu'une promenade à travers les restes du monastère de Jumiéges. Sous la voûte de son porche, surmonté de longues tours carrées, hautes de 50 m. 35 c., qui servent de point de reconnaissance aux navigateurs, et qu'habitent de nombreuses familles de cornis et de choucas voltigeant incessamment autour de leurs flèches; entre ces colonnes qui semblent attendre une voûte en remplacement de celle dont les débris gisent à leur base; sous ces ogives sans vitraux, où les infiltrations pluviales ont imprimé des traces verdâtres; au pied de ces murs au sommet dentelé par la destruction et tapissé de giroflées, dont les oiseaux de la tour ou le vent des orages ont jeté les semences..., à travers les crevasses de la pierre, on voit souvent des os blanchis, arrachés à un cimetière voisin, suspendus dans les encaissements de la muraille; car, sur ce sol de sable, quand les matériaux naturels de la construction manquaient à ces cénobites, ils y suppléaient à l'aide des débris de leurs charniers. Chaque dégradation du temple de Jumiéges laisse à nu ou fait rouler sur le sol quelque catacombe aérienne dont les ossements appartenaient sans doute à une époque reculée, quand la truelle du maçon les plaça dans cet étrange sépulcre, où les œuvres de l'art se consolidaient par les débris de l'humanité. »

Les restes de l'abbaye sont heureusement aujourd'hui la propriété de M. Caumont, de Rouen, ami éclairé des arts et des antiquités nationales. On peut donc espérer que ces vénérables débris ne seront plus voués à la destruction. Il est impossible d'avoir plus de prévenance que lui pour le voyageur curieux.

Vauban avait formé le projet de faire de Jumiéges une île, en creusant un canal à sa partie septentrionale, et abrégeant ainsi de cinq lieues la navigation de la Seine; les travaux en furent même commencés, mais bientôt suspendus. L'idée de Vauban a été reproduite par M. de Bérigny, dans son projet de canalisation de la Seine.

L'église paroissiale du bourg, construction de différents âges, est orné de riches vitraux du seizième siècle. — On exploite la tourbe aux environs.

110. YAINVILLE (RIVE DROITE).

Arrondissement de Rouen. — Canton de Duclair —
Population, 300 habitants.

Ce petit village est situé près de la Seine, à cinq lieues de Rouen. Derrière se développe, vers le nord, la forêt du Trait, faisant face à celle de Brotonne qui ombrage la rive opposée.

111. HEURTEAUVILLE (RIVE GAUCHE).

Arrondissement de Rouen. — Canton de Duclair. —
Population, 350 habitants.

A cinq lieues de Rouen, en face de Yainville,

sur la lisière de la forêt de Brotonne. Cette belle forêt, qui s'élève en amphithéâtre, fut, par un décret de la Convention, gratifié du titre de forêt de l'Unité Nationale. Mais elle a repris avec orgueil le nom qu'elle avait longtemps porté. Le hameau de Heurteauville est souvent cité à cause d'un marais nommé vulgairement la Harelle. Le sol n'est composé que de tourbes et de détritus de végétaux qui se sont décomposés sous l'eau.

112. LE TRAIT (RIVE DROITE).

Arrondissement de Rouen. — Canton de Duclair. — Population, 500 habitants.

A cinq lieues de Rouen, près de la forêt de Trait, dont la superficie est de 3,100 arpents.

113. GUERBAVILLE (RIVE GAUCHE).

Arrondissement d'Yvetot. — Canton de Caudebec. — Population, 1,600 habitants.

A trois lieues et demie S. d'Yvetot et une lieue et demie S. S. E. de Caudebec, tout près de la Meilleraye et de la forêt de Brotonne.

114. LA MAILLERAYE (RIVE GAUCHE).

Arrondissement d'Yvetot. — Canton de Caudebec. — Population, 1,600 habitants.

Bernardin de Saint-Pierre a peint, dans un style inimitable, les ondes pures et limpides de la Seine, arrosant, dans leurs contours sinueux, les frais ombrages de ce bourg, situé à trois lieues et demie S. d'Yvetot et à une lieue et demie S. E. de Caudebec, et son vaste château, dont le beau parc et la magnifique terrasse se mirent dans les eaux du fleuve. Cette demeure princière porte le caractère de plusieurs époques.

Là, dit-on, La Vallière a vécu à l'âge heureux où, pour la première fois, son cœur s'ouvrait à l'amour. Là est né un des plus grands orateurs, un des premiers écrivains de notre époque, celui à qui Napoléon a légué la noble mission de composer l'histoire diplomatique de son règne, M. Bignon. Jamais l'indigence n'a franchi le seuil du château ; car il n'y a pas de malheureux aux environs. Mme de Mortemart, digne héritière des vertus de Mme de Nagus, sa mère, se fait chérir comme elle de toute la contrée. La duchesse de Berry a déjeuné sous ces ombrages en 1824. La colonne de marbre que vous voyez sur la pelouse a été élevée pour conserver le souvenir de cette halte gracieuse de la châtelaine de Rosny.

Le village, qu'on appelait autrefois *Mesterée* et en latin *Mespiletum*, est contigu à l'habitation. Sa longue rue court du nord au midi. Il est renommé pour ses chantiers de construction. C'est de là que sortent les plus beaux navires que fait élever le commerce de Rouen, et presque toutes les alléges qui transportent du Hâvre à Rouen les marchandises que de gros bâtiments ne pourraient y aller décharger.

115. SAINT-VANDRILLE (RIVE DROITE).

Arrondissement d'Yvetot. — Canton de Caudebec. — Population, 560 habitants.

Ce village, situé à deux lieues et quart d'Yvetot et à trois quarts de lieue E. de Caudebec, doit son origine à la célèbre abbaye du même nom dont il est si souvent parlé dans les vieilles chroniques. Ce monastère de l'ordre de saint Benoît, le plus ancien de la Normandie après celui de Saint-Ouen de Rouen, remonte à la onzième année du règne de Clovis II; le fondateur fut saint Vandrille, originaire de Verdun et allié à l'illustre famille de Pepin. Il lui donna le nom de Fontenelle d'un ruisseau dont la source et l'embouchure sont tout près, dans une vallée délicieuse. Le lieu se nommait alors *Bothmar* ou *Bothmari*. L'abbaye fut érigée, en 684, sous le titre de Saint-Pierre. Ce ne fut que dans le cours du onzième siècle qu'elle prit le nom de son fondateur. Vandrille bâtit au même lieu les églises de Saint-Laurent, Saint-Pancrace, Saint-Paul, Saint-Amand, Saint-Saturnin, Saint-Michel et de Notre-Dame de Caillouville. Il reste peu de traces de cette cité ecclésiastique. Nous allons parler du monastère où Vandrille fut enterré.

Cette église, brûlée en 756, et rebâtie par les moines, fut de nouveau incendiée par les Normands en 862. Sa reconstruction n'eut lieu qu'au commencement du onzième siècle. Un nouvel incendie la réduisit en cendres vers 1250, et cette fois on mit deux cents ans à la rebâtir sans l'achever. Le chœur fut terminé; mais la nef n'a été voûtée que jusqu'à la troisième travée. En 1631, la tour, mal assise sur les quatre piliers qui la supportaient, s'écroula avec un bruit effroyable, entraînant dans sa chute toute la nef et une partie du chœur. En 1647, le service divin recommença dans l'église; mais il y eut des ouvriers jusqu'en 1727. La longueur extérieure de l'édifice était de 81 mètres 86 cent. L'élévation intérieure excédait 22 mètres 74 cent. sous la voûte.

Ce monument, auquel on travailla cinq siècles, devait offrir un amalgame bizarre de bien des genres d'architecture. On y voyait beaucoup de tableaux et de fresques. Il en existe encore une sur un fragment de mur de la chapelle de Saint-Sébastien; elle représente le martyre d'une vierge, et donne une singulière idée de la licence des sujets que la religion traitait en ce temps-là.

Il ne reste plus aujourd'hui de l'édifice que le cloître et le réfectoire. Le premier, admirable relique du moyen âge, a été savamment reproduit et offert à la curiosité parisienne dans le *Diorama*. Il renferme, ainsi que le réfectoire, une filature de coton.

Des églises bâties en même temps que l'abbaye primitive de Saint-Vandrille, il ne reste que quelques vestiges épars çà et là aux environs de la communauté. On remarque particulièrement ceux de la chapelle de Saint-Saturnin sur un coteau, appelé dans quelques chartes le *Mont aux Vignes*; ils ont le caractère curieux de l'architecture romane. Quant aux ruines de l'abbaye elle-même, qui, sur un grand espace, percent la végétation, ce ne sont que fûts de colonnes tronquées, corniches brisées, chapiteaux écornés; le lierre et la ronce les enveloppent. A peine l'herbe fine, semée de serpolet, permet-elle de lire sur ce sol qu'ont fumé les cadavres des moines, quelques noms d'abbés sur les pierres tumulaires qui couvrent leurs ossements. Les jeunes filles du voisinage ont placé dans les ruines de Saint-Vandrille le séjour mystérieux des fées, dont l'histoire occupe leurs veillées.

A peu de distance on voit une fontaine dont les moines proclamaient les miracles, et dont l'efficacité a survécu à la disparition des religieux. Tous les premiers vendredis de mai, les pèlerins y affluent pour faire des dévotions ou pour accomplir des vœux. Les gardiens lèvent un impôt non autorisé de 30 centimes la pinte sur l'eau miraculeuse qu'on emporte.

Du sommet de la colline de Saint-Saturnin, l'œil embrasse la vue la plus délicieuse sur la vallée de Caudebec; il s'arrêtait jadis aussi sur l'île de Belcinac, dans laquelle s'élevait encore, en 1349, le monastère de Saint-Condé. Un jour on chercha inutilement au milieu du cours de la Seine les antiques tours de cette abbaye et sa riche ceinture de bois verts; tout avait disparu, tout s'était abîmé dans les gouffres du fleuve. En 1641, deux siècles après, l'île reparut chargée encore de quelques ruines; mais le soleil ne devait plus vivifier ses plages désolées. La marée, son antique et indomptable ennemie, la détruisit et la submergea de nouveau. On ignore maintenant jusqu'à la place qu'elle occupait.

116. CAUDEBEC (RIVE DROITE).

Arrondissement d'Yvetot. — Canton de Caudebec. — Population, 2,750 habitants.

Cette ville, ancienne capitale du pays de Caux, située à deux lieues et quart S. d'Yvetot et sept lieues et demie O. N. O. de Rouen, se dessine, bâtie en amphithéâtre, dans une position pittoresque, au milieu de bosquets, de jardins, de pavillons, de fleurs, comme une ville italienne, au pied d'une colline boisée, sur le bord de la Seine, qui y forme un port commode, mais peu fréquenté, contenu par de larges quais, bien ombragés, d'où l'on jouit, disait Joseph Vernet, juge bien compétent en pareille matière, d'un des plus beaux points de vue de France. Mais, malgré les fraîches et jolies Cauchoises qui s'y pressent, elle est empreinte de cette tristesse qui résulte du manque d'activité. La petite rivière de Caudebec ou de Sainte-Gertrude, qui l'arrose, se sépare en deux bras avant de se jeter dans le port qu'elle divise en deux parties.

L'origine de Caudebec, dont le nom latin est *Lotum* ou *Lotomagus*, paraît remonter au-delà du neuvième siècle. C'était autrefois une ville très-forte et très-importante, entourée de murailles flanquées de tours, qui subsistent encore sur presque toute la ligne. Guillaume-le-Conquérant y passa la Seine, en 1047, pour aller punir la révolte du comte d'Arques.

Après la prise de Rouen par les Anglais, en 1419, Caudebec fut assiégé par Talbot, qui ne parvint à s'en rendre maître qu'après six mois de tranchée ouverte. Les habitants essayèrent de secouer le joug; ils laissèrent mille des leurs sur un champ de bataille, près de Tancarville.

Les Anglais l'évacuèrent en 1450. Durant les guerres de la Ligue, les protestants la prirent, en 1562, et furent forcés de l'abandonner la même année. Les ligueurs, conduits par le duc de Parme, s'en emparèrent en 1592. Elle était alors très-florissante. C'était l'entrepôt presque exclusif des pêches de la Seine. Aussi avait-elle pour armoiries trois éperlans d'argent dans un champ d'azur : ils ont été remplacés par trois saumons.

L'église paroissiale est un édifice remarquable du quinzième siècle, dans lequel Guillaume le Tellier a prodigué à l'extérieur tous les trésors de l'architecture gothique. Le grand portail est un chef-d'œuvre d'élégance et de délicatesse. On lit sur la galerie qui le couronne ces mots en lettres gothiques : *Pulchra est et decora*, applicables à l'église et à la Vierge Marie. La tour, de forme carrée, surmontée d'une flèche élancée, est entourée de trois couronnes qui semblent figurer la tiare romaine, et lui donnent l'aspect de certains minarets. La chapelle de la Vierge renferme un pendentif admirable. Il y a dans une chapelle voisine un saint-sépulcre en marbre blanc provenant de l'abbaye de Jumiéges. L'église entière est célèbre par un mot de Henri IV : C'est ici la plus belle chapelle que j'aie jamais vue.

CAUDEBEC.

Aux environs, il faut visiter les ruines de l'église de Sainte-Gertrude, qui ont encore de magnifiques vitraux; Saint-Arnould, où les dartreux vont boire et se plonger dans une mare infecte, et la chapelle de *Notre-Dame-de-Barre-y-va*, joli édifice du treizième siècle, dont les murs sont couverts de tableaux voués à la sainte Vierge par les matelots, au fort de la tempête, et aux voûtes duquel sont appendus de petits navires grossièrement sculptés par eux durant une longue captivité.

Caudebec a un hospice, des manufactures de toiles à voile, des fabriques d'amidon, de savon, de cuir, des filatures de coton, des blanchisseries. — Son commerce consiste en biscuit pour la marine, grains, viandes, légumes secs, fruits, cidre, bière, volailles, etc. — Entrepôt de tout le pays de Caux. — Fort marché hebdomadaire. — Foires le 15 mars, le 20 septembre, et le samedi avant le 22 juillet. — *Hôtels* : de la Poste et de Le Gendre. — On exploite dans la vallée des carrières de pierre de taille et de la tourbe.

L'industrie de Caudebec a été ruinée par la révocation de l'édit de Nantes. On y fabriquait autrefois des gants de chevreaux, si souples et si fins, qu'on pouvait les mettre dans une noix. L'art de la chapellerie y était porté à un tel degré de perfection, qu'on ne pouvait se présenter en bon lieu sans un chapeau de Caudebec ; c'est ce qui a fait dire à Boileau, dans son épître à Lamoignon :

> Pradon a mis au jour un livre contre vous,
> Et chez le chapelier du coin de notre place
> Autour d'un caudebec j'en ai lu la préface.

117. SAINT-NICOLAS (RIVE GAUCHE).

Arrondissement d'Yvetot. — Canton de Caudebec. — Population, 400 habitants.

Village à trois lieues et demie d'Yvetot, en face de Caudebec, adossé à la forêt de Brotonne, si célèbre dans les fastes de la chevalerie.

118. VILLEQUIER (RIVE DROITE).

Arrondissement d'Yvetot. — Canton de Caudebec. — Population, 850 habitants.

Ce bourg est dans une charmante situation, à trois lieues et demie S. d'Yvetot, entre deux coteaux, dont un de forme conique, boisé dans ses contours, offre un aspect ravissant. Entre ces coteaux se dessine, avec ses jardins, l'élégant château moderne de Villequier, résidence de l'honorable famille de ce nom. Sur la même rive, à peu de distance, une grande maison construite sur le roc; c'est l'habitation de

M. Roulleau, maire de la commune. Dans l'ancien couvent des Capucins repose M. Devismes, ancien directeur de l'Académie royale de musique. L'église paroissiale est ornée de superbes vitraux. Une île verdoyante coupe le fleuve. Le bourg n'a qu'une seule rue, parallèle au cours de la Seine. On y remarque à la fois des habitations d'une propreté exquise, qui rappellent l'intérieur des villages hollandais, et des constructions d'une nature toute particulière suspendues sur les eaux presque devant chaque maison. On jouit aux alentours d'un des plus beaux sites et des plus beaux points de vue qu'offre le cours du fleuve. Un canal latéral à la Seine a été projeté du Hâvre à Villequier. Il y a dans ce lieu trente-neuf lamaneurs destinés à piloter les bâtiments qui remontent la rivière jusqu'au lieu où tout danger cesse. La population se compose de mariniers, de charpentiers de navires, et d'agriculteurs, jouissant d'une certaine aisance.

On construit sur les chantiers de Villequier des navires du plus fort tonnage. Le *Graville*, bâtiment de 800 tonneaux, qui fait la navigation du Hâvre à la Nouvelle-Orléans, vient de là.

A Villequier commence aussi ce qu'on appelle *la traverse*. C'est le point le plus dangereux pour la navigation. Des bouées indiquent la position des bancs.

119. VATTEVILLE (RIVE GAUCHE).

Arrondissement d'Yvetot. — Canton de Caudebec —
Population, 1,300 habitants.

Ce bourg, à quatre lieues N. N. O. d'Yvetot et une lieue et quart S. O. de Caudebec, est un antique fief du château de la Mailleraye. L'église est curieuse et riche en vitraux peints.

120. NORVILLE (RIVE DROITE).

Arrondissement du Hâvre. — Canton de Lillebonne. —
Population, 600 habitants.

Ce village, situé à onze lieues du Hâvre, apparaît sur une colline d'où l'on jouit d'un point de vue magnifique, au lieu où la Seine rassemble ses deux bras après avoir contourné l'île qui fait face à Villequier.

121. AIZIER (RIVE GAUCHE).

Département de l'Eure. — Arrondissement de Pont-Audemer. — Canton de Quillebeuf. — Population, 300 habitants.

Ce petit village, situé à deux lieues de Pont-Audemer, est adossé à la forêt de Brotonne. C'est derrière la colline qu'elle commence.

122. VIEUX-PORT (RIVE GAUCHE).

Arrondissement de Pont-Audemer. — Canton de Quillebeuf. — Population, 300 habitants.

Joli hameau à trois lieues de Pont-Audemer. Sa chapelle champêtre, qu'un vieil if couvre de ses rameaux, apparaît au voyageur derrière un riant feuillage.

123. QUILLEBEUF (RIVE GAUCHE).

Arrondissement de Pont-Audemer. — Canton de Quillebeuf. — Population, 1,500 habitants.

Cette ville, située à deux lieues trois quarts

N. de Pont-Audemer, et quinze lieues un quart N. O. d'Évreux, forme un port très-important pour le commerce. Elle s'élève sur le versant d'un coteau boisé, là où la navigation de la Seine commence à devenir difficile, à cause des rochers et des bancs de sable mouvants qui l'obstruent. Aussi offre-t-elle ordinairement un mouillage aux bâtiments qui remontent ou descendent le fleuve. Elle reçoit les plus gros navires qui, ne pouvant à pleine charge poursuivre leur route jusqu'à Rouen, y débarquent une partie de leurs marchandises, ou les transbordent sur des bâtiments d'un moindre tonnage. On y a vu quelquefois plus de cent bâtiments réunis.

Une protection tutélaire a peuplé Quillebeuf de pilotes lamaneurs qui veillent jour et nuit sur ses rivages, et dont l'expérience, achetée souvent au péril de la vie, guide à travers les courants les navires confiés à leur prévoyance. Le nombre de ces pilotes, fixé long-temps à quatre-vingt-dix-neuf, s'élève aujourd'hui à cent dix. Il n'est plus nécessaire d'être né et d'avoir été baptisé dans la ville pour faire partie de ce corps. L'abbé de Jumièges, seigneur temporaire de Quillebeuf, devait entretenir autrefois les pieux où l'on amarre les embarcations; mais en revanche il percevait sur ce port de gros droits de navigation.

Quillebeuf n'a qu'une seule rue inclinée entre la colline et la rivière, et généralement mal bâtie. Placé à l'extrémité septentrionale du département de l'Eure, dont il est le fleuron maritime, il ne se compose, le long du fleuve, que d'un rocher étroit devant lequel on a construit une jetée.

C'était autrefois la capitale du *Roumois*, petit pays entre la Seine et la Rille, s'étendant jusqu'aux murs d'Elbeuf, et formant une des anciennes subdivisions de la Normandie.

Cette ville doit toute son existence à Henri IV, qui s'en empara pendant les troubles de la Ligue. Elle soutint un siége contre les troupes de Mayenne, qui furent forcées de le lever après dix-sept jours d'attaque. Ce n'était auparavant qu'un hameau de pauvres pêcheurs végétant sur leur roc aride. Le Béarnais la fortifia, lui accorda des priviléges et lui donna le nom de *Henriqueville*; mais il ne fut pas plus heureux que François Ier, qui avait voulu imposer au Hâvre le nom de *Françoiseville*.

Le maréchal d'Ancre, prévoyant sa disgrâce, songeait à se rendre indépendant dans son gouvernement de Quillebeuf, quand il fut tué sur le pont du Louvre. Il avait même commencé à faire des retranchements au sud de la presqu'île, et l'on montre encore des traces de fortifications qu'on appelle la *tranchée du maréchal d'Ancre*. La place était alors revêtue d'une bonne muraille, et pourvue d'un château fort. Louis XIII, ou plutôt Marie de Médicis, fit tout abattre. On ne voulait pas, disait-on, que cette place devînt un point de débarquement pour les Anglais, protecteurs des calvinistes.

Quillebeuf a un syndicat maritime, des forges, des fabriques de bonneterie, de coton et de dentelles, des tuileries, des fours à chaux et à plâtre, et des pêcheries importantes. Son commerce consiste principalement en grains, bois, bestiaux. Il y a un magasin de sauvetage. *Hôtels* : Barberon, Hébert, Lefort. *Café* : Plé.

124. LAFRENAYE (RIVE DROITE).

Département de la Seine-Inférieure. — Arrondissement du Hâvre. — Canton de Lillebonne. — Population, 650 habitants.

A côté de Lillebonne, en face de Quillebeuf, sur la route qui mène de Rouen au Hâvre, et à neuf lieues et demie de cette dernière ville.

125. LILLEBONNE (RIVE DROITE).

Arrondissement du Hâvre. — Canton de Lillebonne. — Population, 3,600 habitants.

Ce bourg est situé à neuf lieues E. du Hâvre, dans une position pittoresque, au pied d'un coteau rapide et à l'extrémité d'un vallon boisé, arrosé par la Bolbec. De vastes prairies et le hameau du Ménil le séparent de la Seine. Chaque jour, à la marée, un bateau fait le service du Ménil à Quillebeuf.

L'antiquité romaine de Lillebonne est démontrée par des témoignages authentiques. Cette ville, nommée primitivement *Julio-Bona*, fut fondée par l'empereur Auguste en faveur de sa fille Julie. Il en fit la capitale des Calètes, qui occupaient le pays de Caux, et elle acquit ainsi une grande importance. Longtemps florissante sous les Francs, elle tomba sous les coups des Normands. Plus tard les ducs de Normandie y élevèrent une forteresse sur les ruines de celle d'Auguste. Guillaume-le-Conquérant habita souvent ce lieu, où il fit bâtir un palais ducal, dont on voit encore les vestiges. Un grand nombre de ses chartes sont datées de cette résidence. Ce fut de là qu'il partit pour la conquête de l'Angleterre. Lillebonne a eu des évêques et des conciles. Il s'y tint en 1080 un concile provincial.

L'itinéraire d'Antonin mentionne plusieurs voies romaines partant de *Julio-Bona* ou la traversant. On en a découvert les restes. A diverses époques on a trouvé à Lillebonne des médailles, des urnes, des tombeaux, des aqueducs, des bains, des fragments d'architecture ou de sculpture romaine, dont quelques-uns révèlent le siècle d'Auguste. On a découvert aussi sur un emplacement que traverse la route actuelle le mur semi-circulaire d'un théâtre avec des arcades et des pans d'escaliers. C'est

aujourd'hui une propriété départementale. Quelques antiquaires prétendent que Lillebonne fut une des villes les plus considérables des Gaules, et qu'elle renferma une population de près de 100,000 âmes.

En examinant la ville actuelle du sommet de la colline, on aperçoit d'un côté l'église paroissiale avec sa flèche gothique, qui ressemble à celle d'Honfleur, et son triste entourage de maisons en bois, lourdes et massives : tout près, les ruines du château des ducs de Normandie, avec sa grosse tour bâtie en cailloux, ses ogives se dessinant en noir sur des murs grisâtres, et l'ample robe de lierre qui enveloppe le vieil édifice ; au-delà du fleuve, la perspective animée du port de Quillebeuf, et sa ligne de maisons s'adossant à un long ruban de falaises blanches.

Si l'on pénètre dans le château de Lillebonne, qui appartenait, au treizième siècle, aux seigneurs d'Harcourt, et qui passa par les femmes aux ducs d'Elbeuf, dont la famille s'éteignit en 1702, on y reconnaît un des monuments les mieux conservés du moyen âge. On admire sa grosse tour de l'Est, avec son escalier à vis, et ses trois étages d'appartements, aux chambres voûtées, le pont-levis, jeté sur un fossé de trente-trois pieds de large et d'une grande profondeur, la porte féodale conduisant à une habitation moderne, la cour intérieure surmontée de plusieurs terrasses et la tour hexagone du Midi. Ce monument, qui a appartenu aux princes de Croï, est aujourd'hui la propriété de MM. Levesque.

Lillebonne a un hospice, des fabriques de calicots, de bleu de Prusse, d'indiennes, une filature hydraulique de coton, des poteries, des briqueteries, des moulins à tan. — Commerce de draps, d'épicerie, de quincaillerie, de bestiaux, de miel, de vins et eaux-de-vie. — Foires le 8 octobre et le deuxième mercredi de mai.

126. MARAIS-VERNIER (RIVE GAUCHE).

Département de l'Eure. — Arrondissement de Pont-Audemer. — Canton de Quillebeuf. — Population, 600 habitants.

Ce village, au-dessus duquel s'élève à mi-côte le château qui appartient au marquis de Mortemart, est situé à deux lieues de Pont-Audemer ; il est composé de maisons éparses, entourées de vergers, disséminées sur un terrain marécageux, mais d'une fertilité extrême. On y cultive des légumes d'une dimension proverbiale, des navets et des carottes de cinq à six pouces de diamètre, et des choux pesant vingt, trente et jusqu'à soixante livres. Le Marais-Vernier occupe l'espace qui s'étend sur le bord de la Seine entre Quillebeuf et la pointe de la Roque. A l'O., au midi et à l'E., il est enfermé par une ceinture de coteaux de 250 pieds d'élévation, à l'aspect nu et stérile. Son étendue est de 7,200 arpents. La partie la plus basse est occupée par un lac, appelé la Grande-Mare, qui ne tarit jamais, qui abonde en poissons, et qui est presque toujours couvert d'une nuée d'oiseaux aquatiques. Tout ce marais est divisé en propriétés particulières et communales ; la partie septentrionale renferme de bons pâturages. Les jardins, formés de petits parallélogrammes environnés d'eau, ne peuvent être abordés par les cultivateurs qu'au moyen de longues perches, qui leur servent à franchir les fossés.

On doit visiter aux environs de ce village, en face de Tancarville, la pointe de la Roque, où l'on distingue un vaste retranchement, connu sous le nom de *camp des Anglais*. Les flancs de cette roche contiennent une grande quantité de fossiles de différentes espèces. Une carrière abandonnée, près du château de Mortemart, forme une crypte profonde, dont furent extraites les pierres qui servirent à la construction de Saint-Ouen, de Pont-Audemer. Il ne faut pas oublier, non plus, la grotte de Saint-Géremer, popularisé sous le nom de Saint-Bérenger, pauvre ermite que saint Ouen, évêque de Rouen, appela malgré lui à gouverner l'abbaye de Pentalle, sur les bords de la Rille. Mais un jour il avait disparu; les moines répandirent le bruit qu'il était monté au ciel; cependant des pêcheurs retrouvèrent sur les eaux le froc du pauvre ermite.

127. TANCARVILLE (RIVE DROITE).

Département de la Seine-Inférieure. — Arrondissement du Hâvre. — Canton de Saint-Romain de Colbosc. — Population, 450 habitants.

Ce village, à sept lieues trois quarts E. du Hâvre, est situé sur un plateau délicieux, élevé presque à pic au-dessus de la Seine, au fond d'une baie et au milieu d'une végétation abondante. On y remarque deux châteaux à demi ruinés : l'ancien, datant du treizième siècle ; le nouveau, bâti par Louis-de-la-Tour-d'Auvergne, comte d'Évreux, qui le vendit, ainsi que la terre de Tancarville, à l'Écossais Law, dont le système financier devint si fatal à la France.

Le vieux manoir, dont les arceaux gothiques se dessinent à travers des massifs de verdure,

fut célèbre, dans le moyen âge, par les démêlés des barons de Tancarville, chambellans nés des duc de Normandie, avec les sires d'Harcourt. Rien de plus intéressant que la page de la chronique où ils sont naïvement racontés. Le vieux moulin, sujet de leurs fréquents débats, est encore sur pied, ainsi que le marronnier du Préau, à l'ombre duquel le noble baron venait s'asseoir à table et deviser avec ses commensaux. A l'E. du château est la tour de l'Aigle, témoin de la mort subite d'une jeune fille dont un cruel tuteur avait fait périr le bien-aimé. C'est dans cette tour que M. P. Lebrun a écrit sa tragédie de *Marie Stuart*.

Le château de Tancarville, après avoir appartenu vingt ans à l'hospice du Hâvre, a été rendu en 1825 à la famille de Montmorency, moyennant une indemnité de 6,000 francs. Il appartient à M. de Lambertye, petit gendre de madame de Montmorency-Fosseux. Le château et les sept acres de terre qui l'entourent ont long-temps été affermés 350 francs. La forêt qui l'environne appartient à la famille du maréchal Suchet. La pierre *Gante* ou du *Géant* forme la crête de la falaise, qui borne de l'autre côté, la gorge de Tancarville, à deux cents pieds au-dessus du niveau de la Seine.

C'est près de Tancarville que, du temps de Charles VII, mille habitants de Caudebec périrent bravement les armes à la main, en essayant de secouer le joug de l'occupation anglaise. La Seine a dans ces parages près de deux lieues de large. Un peu plus loin des rives de

TANCARVILLE.

P. 500.

la Seine, dans la direction de Lillebonne, se trouve le pittoresque village de Radicatel.

128. CONTEVILLE (RIVE GAUCHE).

Département de l'Eure. — Arrondissement de Pont-Audemer. — Canton de Beuzeville. — Population, 900 habitants.

Ce joli bourg est situé à deux lieues et demie N. O. de Pont-Audemer, et seize lieues N. O. d'Évreux. Ses vastes prairies et ses marais s'étendent derrière le *banc du Nord*, herbage formé à l'embouchure de la Rille, par les alluvions successives de la Seine, et qui a eu jusqu'à une lieue de diamètre. Il est réduit à moins d'un dixième de son étendue primitive. Le fleuve s'est lassé de fuir ses bords, et chaque jour il reprend ce qu'il avait abandonné. La Rille, qui sort de l'étang de Saint-Vandrille, dans le département de l'Orne, passe à l'Aigle, entre dans le département de l'Eure, arrose **Rugles**, **Beaumont**, **Brionne**, **Montfort**, **Pont-Audemer** et se jette dans la Seine, entre la **pointe de la Roque** et **Conteville**. Sa vallée, longue de près de trente lieues, dont trois navigables depuis Pont-Audemer, offre les plus beaux sites et renferme les ruines de la magnifique abbaye du Bec, du château de Montfort, de celui de l'amiral d'Annebaut et du monastère de Pentalle. En 1518, les navires de soixante-dix à quatre-vingts tonneaux remontaient la Rille jusqu'au Colombier, un peu au-dessous de Pont-Audemer. En 1678, les habitants de cette ville furent autorisés à ouvrir un canal de Pont-Audemer au Colombier, et il fut construit dans ce dernier lieu un grand bassin pour y recevoir et y radouber les vaisseaux ; mais, en 1711, le débordement de la rivière emporta la tête du bassin et dégrada entièrement le canal. Depuis, il n'y a que les bâtiments de quarante à cinquante tonneaux qui remontent, et seulement jusqu'au Colombier. La Charentonne, que la Rille reçoit à gauche, en est le seul affluent remarquable.

Cette rivière perd la plus grande partie de ses eaux dans un gouffre à deux lieues et demie au-dessus de Beaumont. Elles reparaissent à la fontaine Enragée, après un cours souterrain d'une lieue et demie.

Le bourg de Conteville avait autrefois ses comtes. Un d'eux, nommé Helluin, amoureux d'Arlette, l'ancienne maîtresse de Robert-le-Diable, l'épousa, et devint par ce mariage le beau père de Guillaume-le-Conquérant. Conteville est adossé au mont Courel, dont de vastes bruyères couvrent le plateau.

129. BERVILLE (RIVE GAUCHE).

Arrondissement de Pont-Audemer. — Canton de Bourg-Théroude. — Popul., 460 habitants.

Le long de ce village, situé à cinq lieues de Pont-Audemer, la plage est hérissée de *guideaux*, espèces de filets en entonnoir dont on arrête le pavillon sur des pieux enfoncés dans le sable. On y pêche une immense quantité de poissons de petite espèce, dont une partie est de si mauvais goût qu'on l'emploie à fumer les terres et à engraisser la volaille ; mais on y prend aussi des poissons dont la destination est moins humble, tels que des éperlans, des harengs, des crevettes, des œillets, des capelans, des chiens de mer, des lamproies, de petites anguilles, des crabes, des flondres, des soles, des carrelets, des mulets, des aloses, des esturgeons, des saumons. A deux époques, il y a trente ans et quinze ans, on y a pris même une baleine.

Berville, adossé au revers du mont Courel, est devenu depuis 1812, par le déplacement des vases, la *posée* des navires qui, descendant au Hâvre, ou se dirigeant vers Rouen, viennent attendre là des vents favorables ou les marées de syzygie.

130. GRESTAIN (RIVE GAUCHE).

Arrondissement de Pont-Audemer. — Canton de Bourg-Théroude. — Popul., 120 habitants.

Ce chétif hameau, situé à trois lieues de Pont-Audemer, et à une lieue et demie de Honfleur, et que les géographes s'obstinent à appeler *un gros bourg du département de l'Eure*, ne se compose que d'une *maison bourgeoise*, de quelques cabanes de pêcheurs et de marins, et de deux ou trois postes de douaniers, seuls restes du beau village qui s'élevait autrefois tout près d'un abbaye de Bénédictins au bas du mont Courel et que les sables recouvrent aujourd'hui. Cette abbaye avait été bâtie par Arlette, ancienne maîtresse de Robert-le-Diable, de concert avec son époux Helluin, comte de Conteville, pour remercier le ciel de lui avoir rendu la santé. Elle servit de sépulture à ses fondateurs, fut incendiée avec le village en 1139, rebâtie, puis détruite et dépouillée en 1363 par les Anglais, qui la dotèrent richement cinquante-cinq ans plus tard. Elle possédait un garde-manger digne de Lucullus, aéré aux deux bouts pour les provisions pendantes au crochet, et ayant un double réservoir d'eau douce et d'eau salée pour les poissons de rivière et de mer.

Les traces du garde-manger et de la sépulture des fondateurs ont disparu ; l'abbaye elle-même n'offre qu'une ruine informe ; elle a été achetée par M. Lallemand, ancien armateur du Hâvre, qui s'y est fait construire l'agréable *maison bourgeoise* dont nous venons de parler.

131. FATOUVILLE (RIVE GAUCHE).

Arrondissement de Pont-Audemer. — Canton de Bourg-Théroude. — Population, 700 habitants.

Au sortir de ce village, situé à trois lieues et demie de Pont-Audemer, on trouve deux sapins gigantesques que les habitants appellent *les Bons hommes*. Leur élévation permet de les distinguer de fort loin sur la Seine, ce qui les a fait acheter par la marine pour servir de guide à la navigation. Le plateau de Fatouville est couvert de bruyère.

Le hameau de *Jobles*, réunion de malheureux pêcheurs, dépend de la commune. Le ruisseau de la Villaine, qui y coule rapidement vers la Seine, grossi de plusieurs autres sources, traverse tout près un vallon pittoresque et sauvage, où il fait mouvoir un moulin à blé, une papeterie et une scierie de marbre. Sur le bord de la Villaine, s'étend le village de *Carbec* qu'on aperçoit du fleuve. Une source y attire de nombreux pèlerins qui viennent y purifier leur corps et leur âme, et y chercher la santé. A peu de distance, on visite un retranchement carré, appelé le *val des Anglais*, de 400 pieds de tour, qui, d'après les traditions locales, est l'ouvrage des Anglais battus sur ce point par les troupes françaises sous le règne de Charles VI. De là, on arrive à *Fiquefleur*, bâti sur le revers opposé du mont Courel, à l'embouchure de la petite rivière d'Orange. Là finit le département de l'Eure et commence celui du Calvados. Du haut de la côte de Fiquefleur, on jouit d'une vue magnifique. La route qui vient de Paris par Rouen et Pont-Audemer descend la colline en serpentant, et passe auprès de l'église, bâtie en forme de croix grecque. Il y avait jadis près de là une communauté de moines voués au soulagement des pèlerins.

Une petite plaine voisine de Fiquefleur est traversée par la petite rivière de Morel, à l'embouchure de laquelle s'élève le village de *Saint-Sauveur*, espèce de faubourg de Honfleur, où des bateaux viennent chercher du bois et des briques en échange de moules et de poissons. Le long du rivage, s'engraissent les célèbres moutons de Beuzeville et de Présalé.

132. GONFREVILLE-L'ORCHER (RIVE DROITE).

Département de la Seine-Inférieure. — Arrondissement du Hâvre. — Canton de Montivilliers. — Population 550 habitants.

Avant de descendre jusqu'à Gonfreville, la Seine, au-dessous de Tancarville, a doublé le cap du Hode et longé Saint-Jacques-du-Val-Hulin, Saint-Vigor et sa caverne (où la superstition et la crédulité ont placé la scène de plus d'une aventure), Sandouville, Rogerville, Oudales, charmantes retraites de quelques pêcheurs. Elle coule maintenant au pied du château d'Orcher, structure massive et sans goût, dont on aperçoit les arbres sur la colline.

Gonfreville, situé à trois lieues E. du Hâvre, une lieue et quart S. S. E. de Montivilliers et quatorze lieues O. de Rouen, possède, près de ce château, des grottes remplies de cristallisations curieuses, une source minérale ferrugineuse, des pyrites, du bois pétrifié et deux sortes de silex, l'un, noir, servant pour la bâtisse, l'autre, blond et transparent, dont on fait des pierres à fusil. On y voit une huilerie hydraulique.

Ce lieu est le *bois de Boulogne* du Hâvre. Le but de ces promenades n'est pas le village, mais le château remplaçant au bord de la Seine une antique forteresse qui défendait l'entrée du fleuve et dont il reste peu de vestiges. Ce qu'on recherche principalement sur cette hauteur, c'est l'admirable point de vue qui se développe d'une vaste terrasse élevée à l'ouest de l'habitation sur l'escarpement d'une falaise. On ne décrit pas ce tableau prestigieux; on l'admire.

Ce vieux château, qui semble au moment de s'écrouler dans la mer, vit un de ses seigneurs, Robert d'Orcher, accompagner Robert-le-Diable en Palestine, puis il devint une des quatorze propriétés que possédait en France l'Écossais Law, qui mourut pauvre à Venise. Aujourd'hui il appartient à la fille de la bienfaisante marquise de Nagu, à madame de Mortemart, qui abandonne généreusement son beau parc à tous les promeneurs.

Le château d'Orcher, assis sur un roc élevé, sert, par sa masse blanchâtre, de point de reconnaissance aux navigateurs. Durant la nuit même, le reflet des phares voisins, en se projetant sur les murs, aide le pilote à ne pas se méprendre dans le choix de celui de ces feux tournants auquel il doit se rallier. Au pied de ce rocher sort une source incrustante, qui se perd immédiatement dans la Seine ; ses eaux n'ont aucune saveur extraordinaire.

133. HONFLEUR (RIVE GAUCHE).

Département du Calvados. — Arrondissement de Pont-l'Evêque. — Canton de Honfleur. — Population, 9,300 habitants.

Cette ville est située à trois lieues et quart N. de Pont-l'Évêque, deux lieues et demie S.-E. du Hâvre et onze lieues et demie N.-E. de Caen, dans une position agréable, au pied de la côte de Grâce, sur la rive et à l'embouchure de la Seine, au fond d'une petite anse formée par ce fleuve: c'est le siége d'un tribunal de commerce, d'une bourse, d'un sous-commissariat de marine. — Établissement de la marée,

9 heures 15 minutes. — L'avant-port est spacieux et donne entrée dans deux bassins où les navires les plus forts peuvent mouiller, mais l'accès en est difficile. Ce n'est plus là le brillant côté de Honfleur; le commerce y manque d'activité; l'abolition de la traite des noirs, la centralisation du Hâvre et la disparition des harengs qui fréquentaient la côte lui ont porté le coup de la mort. Cette pauvre ville marche de jour en jour à sa décadence. La vase encombre de plus en plus ses abords; et le gouvernement persiste dans sa cruelle indifférence à son égard.

Rien de plus obscur que l'origine de Honfleur. On sait seulement que Guillaume-le-Conquérant y séjourna un peu avant sa mort. Cette ville était autrefois très-florissante et faisait un grand commerce avec les Espagnols. L'édification du Hâvre lui porta, nous l'avons dit, un coup mortel. Charles VII l'enleva aux Anglais en 1440; les calvinistes s'en rendirent maîtres en 1562, mais elle fut reprise la même année par le duc d'Aumale. Enfin elle soutint contre Henri IV deux siéges, à l'un desquels ce prince assista en personne. Les fortifications ruinées alors par le canon n'ont pas été relevées. De nos jours Honfleur a été visité par l'empereur Joseph et par Louis XVI. Bonaparte, premier consul, s'y rendit du Hâvre en 1802 sur le lougre l'*Ecureuil*, commandé par M. de Moncabrié : il y passa quatre heures à parcourir le port et la ville.

De nombreuses escadres sont parties autrefois de ce port, à demi comblé aujourd'hui. C'est de là que sortit Binot-Paulmier, le premier Français qui, en 1503, doubla le cap de Bonne-Espérance ; et en 1523 le capitaine de Gonneville, qui alla découvrir les terres australes. C'est la patrie de Lelièvre, qui, en 1617, partit avec trois vaisseaux pour établir des relations commerciales à Java et dans l'Inde ; du brave et habile pilote Pierre Berthelot, si connu dans les mers d'Asie, martyrisé comme carme déchaussé en 1629 ; du contre-amiral Hamelin ; des capitaines Morel-Beaulieu, Mottard, et du contre-amiral Mottard, son fils.

La ville est triste et mal bâtie ; il faut la parcourir en détail pour y trouver quelques habitations agréables. Beaucoup s'enorgueilliraient toutefois de son entrée par la route de Caen. Mais ce qui mérite surtout de fixer l'attention, c'est la chapelle dédiée à *Notre-Dame-de-Grâce* et desservie autrefois par des capucins. Elle couronne la colline occidentale s'élevant presque à pic sur la ville. C'est là

que va prier le matelot échappé au naufrage. Les murs du temple sont tapissés de ses *ex-voto*. La route qui y conduit a été, par des travaux récents, rendue praticable pour les voitures. Au sommet, à peu de distance de la chapelle, à l'un des carrefours de la route, s'élève un Christ gigantesque. De cette plate-forme l'œil embrasse une vue magnifique. Au pied de

la croix, du côté de la mer, d'énormes éboulements sont prêts à s'en détacher et à rouler jusqu'au rivage où le pêcheur apparaît comme un point dans l'immensité. La côte renferme des débris de fossiles curieux. On y a trouvé le squelette d'un crocodile égyptien. Un chemin passe au bas et conduit au village de Vasouy et au joli château de Blosseville. Derrière Honfleur de vastes prairies et des bois touffus s'avancent jusqu'au milieu des eaux. Autrefois il était d'usage que le capitaine du *Passager* du Hâvre, debout à l'arrière du navire, ôtât son chapeau en approchant de ce rivage, et invitât les voyageurs à se recommander à Notre-Dame-de-Grâce. Cette coutume religieuse remontait au naufrage d'un paquebot.

Autrefois la pêche de la morue au banc de Terre-Neuve occupait une grande partie des habitants de cette ville, qui comptait près de 18,000 âmes, et qui n'en a aujourd'hui que la moitié. Cette pêche est fort restreinte. Le commerce est à peine alimenté par les bois de sapin du nord, les cargaisons de charbon de terre, les expéditions de bois de construction et de chauffage, les transports de cidre, de bière, d'eau-de-vie pour Rouen, et des comestibles pour le Hâvre et l'Angleterre. La masse de la navigation est restreinte au cabotage. On vante les grains de Honfleur, ses excellents fruits, ses pommes, et surtout ses melons. On élève des vers à soie dans le pays. Il y a des fabriques de biscuits de mer, des brasseries, corderies, tanneries, des fabriques de dentelles, des épurations d'huile, des fabriques de formes à sucre et de produits chimiques, des raffineries, des scieries, etc. — Foires d'un jour à la mi-carême et le 18 oc-

tobre, et de huit jours le 25 novembre. —
Hôtels : du Cheval-Blanc, de la Victoire, des
Armes-de-France.

134. HARFLEUR (RIVE DROITE).

Département de la Seine-Inférieure. — Arrondissement du Hâvre. — Canton de Montivilliers — Population, 1,600 habitants.

Cette jolie petite ville maritime est située à

une lieue et demie E. N. E. du Hâvre et à une lieue S. de Montivilliers, sur la Lézarde, qu'on y traverse au moyen de deux ponts, et qui, à une demi-lieue au-dessous, se jette dans la Seine. Elle est bâtie au pied d'une colline d'où l'on découvre le cours majestueux du fleuve et les riants paysages qui couvrent ses bords. Les bâtiments d'un faible tonnage peuvent remonter la Lézarde au moyen de la marée jusqu'au milieu de Harfleur; mais on en voit peu dans son port, jadis si fréquenté. Rien de plus affligeant que les restes de cette splendeur évanouie. Qu'est devenue la ville que Monstrelet nommait *le souverain port de Normandie*? Cette clef de la France du côté de l'Angleterre, qu'est-elle devenue?

Harfleur, appelé par les Romains *Carocotinum*, est désigné dans les actes modernes sous les noms divers de *Hordflow*, *Hareflot*, *Harfleu*, qui sembleraient indiquer une origine scandinave. Cependant les premiers titres qui en font positivement mention ne remontent pas au-delà de 1040. Sa situation a dû favoriser son accroissement rapide. Au quatorzième siècle, les Français, occupés sans cesse de guerre, étaient tributaires des autres peuples pour toutes les superfluités d'un luxe dont ils étaient idolâtres. Les Portugais, les Castillans, puis les Lombards et les commerçants de Plaisance apportèrent à Harfleur les productions de leurs pays. Devenu ainsi le grand entrepôt des richesses étrangères, le but de la navigation d'outre-mer et de l'intérieur, Harfleur fut à la fin du quatorzième siècle une cité opulente, à la prospérité de laquelle vint ajouter encore un nouvel aliment l'activité des fabriques de drap qui s'y établirent. Mais cette prospérité devait éprouver bien des obstacles avant de succomber entièrement.

Harfleur possède aujourd'hui la plus belle raffinerie de sucre connue : elle est dirigée par un habile industriel, M. Clerc.

Les historiens ne s'accordent pas sur le lieu où fut projetée la conquête de l'Angleterre par les Normands. Les uns disent que Guillaume-le-Bâtard reçut à Harfleur Édouard-le-Confesseur, et lui donna une flotte pour ressaisir la couronne que Canut venait de lui enlever ; selon d'autres, l'entrevue eut lieu à Barfleur.

Le 14 août 1415, Henri V, roi d'Angleterre, débarque devant Harfleur avec des forces imposantes. Le seigneur d'Étouteville, gouverneur, défend pendant quarante jours la place avec quatre cents hommes, manquant de vivres et de munitions : il est obligé de capituler. Henri, furieux, fait brûler en pleine place publique les chartes, franchises et titres de propriété des habitants, et envoie 1,600 familles prisonnières à Calais, presque nues, et ne pouvant emporter que cinq sous par tête. Les plus pauvres habitants restent dans la ville, soumis au plus brutal ilotisme.

Vingt ans s'écoulent dans cette affreuse servitude; mais la vengeance fermente au fond des cœurs. Les habitants attaquent les Anglais un matin au point du jour dans les murs de la ville, tandis que les milices du voisinage livrent l'assaut aux remparts, passent la garnison au fil de l'épée, et ouvrent les portes à Charles VII.

En mémoire de ce glorieux événement on sonnait autrefois chaque matin, à l'heure de l'attaque, cent quatre coups de cloche, nombre égal à celui des héros de Harfleur.

Malheureusement, en 1440, la ville retomba au pouvoir des Anglais. Ils l'avaient écrasée avec d'énormes boulets de pierre que lançaient leurs guimbardes. On montre encore de ces projectiles, servant de bornes à d'anciennes maisons. Repris, en 1449, par les généraux de Charles VII, ce port répara ses pertes. Au seizième siècle, le pavillon de France, arboré sur les navires de Harfleur, flottait au-delà des tropiques. Mais les guerres de religion recommencèrent sa ruine, et la révocation de l'édit de Nantes l'acheva. La nature sembla se rendre complice envers elle de toutes ces désolations : la Seine, qui baignait les murs de la ville, s'en éloigna; le port fut envahi par les galets; une demi-lieue de marais sépara ses établissements maritimes de l'Océan. Cet espace, couvert de jardins et de prairies, nous montre des cultivateurs et des troupeaux où flottèrent les navires des deux mondes. Les anneaux où l'on amarrait, il y a trois siècles, des bâtiments de deux à trois cents tonneaux, sont rouillés; les échos du bassin, qui redirent long-temps les accents portugais, castillans, italiens, anglais, sont tristes et silencieux. Les fossés sont comblés, les fortifications écroulées. Ce qui reste d'une population, jadis nombreuse, n'est que l'instrument passif de l'industrie plus heureuse du Hâvre. Sans être mal bâtie, la ville attriste le regard. Le canal de Vauban, qui devait la faire communiquer avec le Hâvre, languit commencé depuis plus d'un siècle.

Harfleur n'a qu'une seule église paroissiale, bâtie par les Anglais, en mémoire de la bataille d'Azincourt, et qu'ils n'eurent pas le temps d'achever. Elle est d'une belle exécution dans les parties terminées. On remarque surtout les culs de lampe délicats appendus aux arceaux de la voûte. Le portail, qui s'ouvre sur un des côtés de l'édifice, est d'un beau caractère gothique, richement orné d'arabesques. En général, la décoration intérieure est fort remarquable. Cette église est surmontée d'une belle flèche en pierre.

Le capitaine Gonneville, qui découvrit, au commencement du seizième siècle, une partie des Terres Australes, et Bethencourt, qui gouverna pour les Espagnols les îles Canaries, étaient originaires de Harfleur.

Une cérémonie assez burlesque, vieux reste de la féodalité, avait lieu, il n'y a pas longtemps, dans cette ville : on l'appelait la *Scie* de Harfleur. Chaque mardi-gras, les ouvriers, dont un représentait un maréchal de France et d'autres ses aides-de-camp et sa suite, précédaient deux hommes à cheval qui portaient une scie ornée de rubans. Ce cortége, suivi d'autres artisans masqués, se rendait à la citadelle du Hâvre, et présentait la scie au gouverneur, qui jadis la baisait. De là la scie se promenait à la mairie, à la sous-préfecture, au bureau de la marine, toujours bien fêtée et surtout bien arrosée. La Restauration a essayé de faire revivre cet usage, aujourd'hui insignifiant. Il n'a pas survécu à 1830.

A l'embouchure de la Lézarde est le Portde-l'Eure, autrefois important, mais qui n'est depuis long-temps qu'un pauvre hameau mal sain, et que la mer, poussée par les vents de S. O., menace d'une destruction complète. Le fleuve s'est peu à peu retiré de la rive, et l'entrée de la Lézarde a été envahie par les sables et les alluvions venant de la pointe du *Hoc*. Avec la ville a disparu un droit féodal qui y régnait : chaque marchand verrier qui débarquait devait donner au prévôt le plus grand de ses verres. On le remplissait de vin, et il fallait que le marchand le vidât tout d'un trait. S'il y manquait, on le forçait à fournir un second verre, et ainsi de suite.

Les sables et les alluvions qui ont envahi l'entrée de la Lézarde venaient, comme nous l'avons dit, de la pointe du *Hoc*, vieux mot saxon qui signifie crochet, et qui a été donné à ce rivage à cause de sa courbure. Sur sa pointe, s'élève un édifice; c'est un lazaret commencé lorsqu'on avait peur de la fièvre jaune. Là, s'ennuie un concierge qui demande la peste à grands cris.

Sur la côte voisine, vous apercevez une ferme. Elle a été construite sur l'emplacement d'une chapelle dédiée à Notre-Dame-des-Neiges. C'était jadis un tertre environné d'eau, îlot où les Normands déposaient les trésors conquis sur le roi de France. Voici l'origine de cette chapelle : C'était par une nuit d'hiver ; une barque, ayant trompé la vigilance des Anglais qui bloquaient Honfleur sur l'autre rive, faisait route vers Rouen ; elle portait trois Français intrépides qui allaient demander secours au gouverneur de la Normandie. Tout à coup des nuages blanchâtres s'amoncèlent, la neige qui tombe par flocons obscurcit leur chemin. Ils invoquent la Vierge, qui leur apparaît ; ils sont sauvés ; et, après la délivrance de Honfleur, la chapelle de *Notre-Dame-des-Neiges* s'élève en face, sur le lieu témoin de leur délivrance.

C'est au Hoc que périt misérablement, vers le milieu du dix-septième siècle, le *Rouen*, vaisseau de soixante-dix canons, qui, en sortant du Hâvre, manqua le vent par une fausse manœuvre. On a vu près de vingt ans son grand mât sortir des eaux. Sa construction avait donné lieu à tant de dilapidations, qu'un auteur contemporain a dit que ses clous auraient pu être d'or.

Harfleur possède un hôpital, des fabriques de produits chimiques, d'huile et de briques, des filatures de coton et de lin, des raffineries de sucre, des blanchisseries de toiles, des tanneries, des mégisseries, un parc d'huîtres et des pêcheries. — *Foires*, les 20 mars, 5 juillet, 8 septembre et 12 novembre pour les bestiaux surtout. — *Hôtels*, Haunet, Gonfray. — *Café*, Dehais.

135. LE HAVRE (RIVE DROITE).

Arrondissement et canton du Hâvre. — Population, 30,000 habitants.

Grande, belle, riche et forte ville maritime, chef-lieu de sous-préfecture, tribunaux de première instance et de commerce, chambre et bourse de commerce, banque, place de guerre de la quinzième division militaire, à seize lieues O. de Rouen, et quarante-sept lieues O.-

N.-O. de Paris, sur le bord de la Seine, à l'embouchure de ce fleuve dans la Manche. Bâtie sur un terrain bas, elle ne s'aperçoit pas de loin; mais, du haut de ses remparts, on jouit d'une vue magnifique. L'avant-port, compris entre la tour de François Ier et l'écluse de la Barre, était le chenal de l'ancien port formé par une crique naturelle; il a 107,712 mètres carrés, et doit être agrandi de 35,210. De ce port, qui est à sec dans les basses marées et qui reçoit une centaine de bâtiments de toutes grandeurs, les navires vont mouiller dans trois bassins qui communiquent au moyen d'écluses et qui, en se prolongeant dans le centre de la ville, entourent le quartier Saint-François et en forment une île. Les plus grands de ces bassins, ceux de la Barre et du Commerce, peuvent contenir au moins chacun 200 navires; le premier a 59,540 mètres de superficie, le second 57,600; le troisième, celui du Roi, n'en a que 12,800 et ne peut contenir que 38 navires : il était destiné autrefois à la marine de l'État; on a élargi son entrée, et il est spécialement consacré aujourd'hui aux bâteaux à vapeur. Dans le bassin de la Barre débouche le canal de Vauban qui devait joindre Harfleur au Hâvre. Au mois de mai prochain va avoir lieu l'ouverture d'une partie de ce canal converti en un magnifique bassin communiquant par une écluse avec celui de la Barre. L'Établissement de la marée du port est à 9 heures 15 minutes ; le plein s'y conserve trois heures, ce qui donne une latitude fort grande pour l'entrée et la sortie des navires de tout tonnage.

Dans ce port, le seul important sur la Manche depuis Cherbourg, les bâtiments de 400 à 500 tonneaux restent toujours à flot dans les bassins. A peu de distance au S. de la citadelle on remarque la Floride, magnifique retenue d'eau de 104,580 mètres qui, par des écluses de chasse, sert à débarrasser l'entrée du port des galets qui viennent l'obstruer. On creuse en ce moment dans la Floride un bassin destiné aux grands steamers pour la navigation transatlantique. Son entrée sera dans l'avant-port.

Au-devant du port sont deux rades ; la petite n'est éloignée du rivage que d'une demi-portée de canon ; la grande est à plus de deux lieues en mer ; elles ont toutes deux le défaut des rades foraines, mais la tenue du fond est assez bonne même dans les gros temps. Il y a au Hâvre quarante pilotes lamaneurs et dix aspirants.

Les fortifications de la ville, dont la circonférence mesurée à l'extérieur est de 5,620 mètres, consistent en une enceinte bastionnée précédée

E. BRETON. DEL.

LE HAVRE.

P. 326.

d'un fossé qu'on remplit d'eau à volonté. L'entrée du port est défendue par la tour de François Ier, d'un côté, et de l'autre par une batterie disposée sur une plate-forme en terre. La citadelle construite en 1564, et dont le front commandait la ville, a été convertie en un simple quartier militaire après la paix de 1783 ; il mérite d'être cité, non par la beauté de sa façade, mais par l'étendue et la commodité de ses distributions, par son logement du gouverneur vaste et commode, ses huit corps de casernes bâties sur un plan uniforme, sa belle place d'armes, ses deux belles fontaines, et les salles de l'Arsenal qui peuvent contenir 25,000 fusils.

L'intérieur du Hâvre est divisé en quartier neuf et en quartier vieux. Le premier, qui forme plus d'un tiers de la ville, est bien bâti en pierre et possède de belles rues larges et droites ; dans l'autre, il y a encore des masures à pans de bois, mais tous les jours on les remplace par des maisons en pierre, assez élégantes. Le Hâvre a cinq portes, soixante-cinq rues, neuf quais, quatre ponts, dont deux tournants et deux à bascule, neuf places publiques, dont deux marchés, vingt fontaines publiques, trois prisons et deux halles. La rue de Paris ne le cède en élégance, en activité, en mouvement à aucune de la capitale. Elle traverse la ville du N. au S.

De l'une à l'autre extrémité, on aperçoit la mer, les vaisseaux qui la sillonnent et la côte de Honfleur. Il y a trois postes télégraphiques, un sur la tour de François Ier, un second à Bléville, et le troisième au cap de la Hève.

Les chantiers du Hâvre sont renommés pour la bonne construction des bâtiments et surtout pour l'élégance de la coupe et du gabarit.

Cette ville n'est pas très-riche en monuments. On cite la tour de François Ier, haute de vingt-un mètres, ayant un diamètre de vingt-six, couronnée d'une plate-forme, entourée d'un parapet avec douze embrasures de canon (de l'autre côté du port, on voyait autrefois la tour Vidame qui a été détruite et sur laquelle brillait un phare; une chaîne qui barrait le port joignait les deux tours); l'Hôtel-de-Ville, édifice de mauvais goût, mais renfermant de beaux appartements, avec une vaste citerne dans la cour d'honneur, destinée à conserver de l'eau pendant les siéges (son grand balcon offrait un point de vue magnifique); l'église de Notre-Dame, la plus ancienne et la plus belle, fondée en 1540, jadis temple et forteresse, avec un clocher dont la plate-forme portait deux coulevrines toujours chargées et un phare destiné à guider les navigateurs (l'église est en forme de croix, son style est celui de la renaissance, sa longueur est de 77 m. 96 c. ; sa voûte est soutenue par vingt-quatre arcades élégantes, à plein cintre); une seconde église, dédiée à saint François, commencée en 1553, achevée en 1681 et n'offrant rien de remarquable; l'Arsenal de la marine, édifice dû à la sollicitude de Colbert; la Manufacture royale des tabacs, l'Entrepôt général, la Bourse, la Douane, le Palais-de-Justice, la Bibliothèque publique contenant 15,000 volumes; la maison où naquit Bernardin de Saint-Pierre, simple et vieil édifice situé rue de la Corderie, N° 47; celle où naquit à Ingouville M. Casimir Delavigne, la salle de bal, et celle de spectacle bâtie de nos jours sur une place agréable, plantée d'arbres, près du bassin du Commerce. La première pierre en fut posée par le duc d'Angoulême le 19 octobre 1817; l'inauguration en fut faite le 24 août 1823 par un prologue d'ouverture de M. Casimir Delavigne. Cette salle est étroite et manque de proportions en certaines parties, mais l'intérieur est décoré avec goût; elle a coûté à la ville 1,700,000 fr.

On respire au Hâvre un air assez pur, mais humide ; les transitions du chaud au froid et du froid au chaud sont fréquentes, instantanées. Durant l'été, la chaleur est d'ordinaire très forte de dix heures du matin à midi, mais le vent s'élève bientôt et rafraîchit tellement l'air qu'on est forcé le soir de prendre des vêtements d'hiver pour éviter des affections de poitrine. Peu de maisons contiennent des fosses d'aisance ; et, chaque matin, de six à huit heures, des tombereaux, que précède une clochette, parcourent les rues pour enlever les matières fécales, routine sans excuse et qui contraste avec le degré de civilisation d'une ville qui a mérité d'être appelée le faubourg de Paris.

Le Hâvre ne se recommande pas par une origine bien antique. A la fin du seizième siècle, ce n'était encore qu'un groupe de cabanes de pêcheurs, défendu par deux tours qui avaient été emportées par les Anglais sous Charles VII. Louis XII y jeta les fondements d'une ville en 1509. Plus tard, elle dut son accroissement à la ruine de Honfleur dont les sables mouvants obstruèrent le port. François Ier, continuant l'œuvre de son prédécesseur, chargea Guyon-le-Roi, seigneur de Chaillon, de l'entourer d'une enceinte fortifiée. Il divisa le terrain à bâtir en trois grands quartiers, fit élever l'Hôtel-de-Ville et plaça à l'entrée du port la tour de François Ier qu'on y voit encore. Le roi, qui affectionnait beaucoup la nouvelle cité, accorda des priviléges aux habitants, les exempta de tailles et d'impôts et voulut que la ville portât son nom : on la nomma quelque temps *Françoiseville* ou *Franciscopolis*; puis une chapelle dédiée à Notre-Dame-de-Grâce servit à la désigner plus particulièrement, mais on ne l'appelle plus que le *Hâvre*.

Elle s'agrandit rapidement; toutefois la mer lui disputa long-temps le sol qu'elle lui avait ravi. Dans la nuit du 15 janvier 1525, une violente tempête, une *malmarée*, poussée par un fougueux vent d'ouest, couvrit presque tout le Hâvre, sapa dans leurs fondements un grand nombre de maisons et engloutit plus de la moitié des habitants durant leur sommeil. Vingt-huit barques de pêcheurs furent jetées dans les terres bien au-delà de la ville. Après ce funeste événement, on éleva le sol de six pieds, ce qui n'empêcha pas une nouvelle catastrophe en 1705, époque où la mer détruisit la jetée et entraîna une batterie entière de gros calibre. L'entrée du port fut même bouchée par des monceaux de sable et de cailloux, et une multitude de barques furent lancées sur la place d'armes. De semblables irruptions se sont renouvelées en 1718, 1749 et 1765, époque du fameux coup de vent de Saint-François.

Sous le règne de Henri II, le Hâvre avait déjà l'apparence d'une place de guerre ; l'intérieur avait acquis une certaine élégance; les remparts du nord étaient plantés d'arbres ; des vaisseaux marchands fréquentaient le port ; la marine royale y envoyait ses bâtiments d'un ordre inférieur. Mais le grand commerce maritime n'y avait pas encore lié ses importantes opérations. Telle était sa situation, quand le prince de Condé, chef des calvinistes, le livra à la reine Elisabeth d'Angleterre. Il était ruiné, lorsque neuf mois après, en 1563, il fut repris par Charles IX sur le comte de Warwick ; mais les Anglais emportèrent les archives de la ville, et les habitants durent aller à Londres pour les consulter.

L'occupation par la Grande-Bretagne avait fait sentir l'importance de cette ville ; elle devint une place de commerce considérable et expédia ses navires à la pêche de la morue au banc de Terre-Neuve, et à celle de la baleine au Spitzberg. Henri III et Henri IV la visitèrent. Les fortifications furent augmentées ; le cardinal de Richelieu fit bâtir près du port une citadelle dont il s'adjugea le commandement et qui servit durant la Fronde de prison aux princes de Condé, de Conti et au duc de Longueville.

Mais c'est à Louis XIV, à Colbert surtout, que le Hâvre dut sa splendeur. Il devint le siége d'une compagnie des Indes qui forma, en 1643, un établissement commercial à Madagascar ; et plus tard la compagnie du Sénégal y établit son comptoir. Là furent armées à la fin du dix-septième siècle les premières galiotes à bombes dont Duquesne fit l'essai contre Alger.

La révocation de l'édit de Nantes porta un coup terrible à cette ville. Le bombardement du port, fait quelques années plus tard par la flotte de Guillaume III, augmenta ses calamités, mais l'indépendance des États-Unis vint à son aide. Cependant, toutes les fois que la France est en hostilité avec l'Angleterre, cette puissance envoie des croisières devant le Hâvre et y fait jeter des bombes. Il en a été ainsi en 1757, en 1776, et pendant les guerres de la révolution. A cette dernière époque on dut compter le fameux amiral Sidney Smith parmi les marins les plus actifs à maintenir ces sortes de blocus. Mais ayant voulu s'emparer de quelques navires dans le port du Hâvre, il fut entraîné par les calmes et les courants dans la Seine, et fait prisonnier. Enfermé au Temple, à Paris, il s'échappa quelques mois après.

Louis XIII et Louis XIV avaient beaucoup fait pour le Hâvre. Louis XV, Louis XVI et Napoléon le visitèrent eux-mêmes pour fixer les projets d'agrandissement qu'ils méditaient à son égard. Après les jours désastreux de la Terreur, il dut au Directoire, au Consulat, et surtout à l'Empire, de nombreuses et importantes améliorations; elles furent continuées après cette époque brillante : la Restauration (nous devons le dire pour être juste) ne laissa pas péricliter l'œuvre de ses prédécesseurs. Depuis une vingtaine d'années cinq à six millions y ont été dépensés pour nettoyer les ports et les bassins, continuer le canal de Honfleur et terminer la jetée et les digues de l'ouest. Les préfets de Kergariou, Malouet et de Vanssay, se sont honorablement associés à l'exécution des plans conçus avant eux.

Industrie : Fabriques de produits chimiques, d'instruments de navigation et de machines à vapeur; épurations d'huile, manufacture de tabac, raffineries de sucre, brasseries, corderies, chantiers de construction, armements de long cours pour la pêche de la baleine, du hareng et de la morue.

Commerce immense d'importation et d'exportation avec tous les pays maritimes du globe. 4 à 5,000 navires entrent par an au Hâvre, et il en sort à peu près un égal nombre. Plus de quarante bâtiments hâvrais vont à la pêche de la baleine; plus de quatre cents font des voyages de long cours.

Biographie. — Le Hâvre est la patrie d'un grand nombre d'hommes distingués, parmi lesquels nous citerons Georges Scudéry et sa sœur, madame de Lafayette, le statuaire Beauvallet, Bernardin de Saint-Pierre, et MM. Casimir Delavigne et Ancelot.

HOTELS.

Aigle d'Or. — Amirauté. — Armes-de-la-ville. — Brésil. — Europe. — France. — Indes. — Lillebonne. — Londres. — Marine. — New-York. — Paix.

RESTAURANTS.

Laiter, restaurateur - glacier. — Lelièvre, au Parc-aux-Huîtres.

CAFÉS.

Laiter.

BAINS.

Grand établissement de bains de mer à l'instar de Dieppe. — Bains publics, d'eau douce, bains médicinaux, bains à domicile, Burdett, rue du Grand-Croissant, sur le bassin du Roi.

CERCLES.

Du Commerce, rue de Paris. — De l'Union, rue Caroline. — De la rue Saint-Julien. — Nouveau-Cercle, place de la Comédie.

BATEAUX A VAPEUR.

DU HAVRE A ROUEN ET VICE VERSA.

Bureau : quai du Hâvre, n° 74.

La *Normandie*, capitaine Bambine, magnifique steamer, de la force de 120 chevaux, qui a transporté le corps de l'empereur Napoléon, fait le voyage de Cherbourg au Val-de-la-Haie, en 6 heures.

La *Seine*, capitaine Fautrel, superbe bateau à vapeur de la force de 80 chevaux, qui a escorté le corps de l'empereur, fait le voyage dans le même espace de temps.

Le départ a lieu tous les jours, à des heures fixées d'après celles de la marée, pour entrer facilement dans le port du Hâvre. Ce départ est affiché un mois d'avance.

Prix : 10 fr. les premières places, et 6 fr. les secondes.

BATEAUX A VAPEUR PARTANT DU HAVRE.

Pour Honfleur. — Le *Français*, capitaine Gallon, et le *Courrier*, capitaine Toutain, font le service tous les jours en 30 ou 40 minutes.
    Le *Honfleur* et le *National* font aussi le service de Honfleur. Pendant la belle saison, ils font des promenades à Trouville.

Pour Caen. — Le service de Caen est fait par deux bateaux, le *Calvados* et la *Neustrie*. Départ tous les jours.

Pour Cherbourg, Jersey et Guernesey. — L'*Atalante* et l'*Océan* une fois par semaine.

Pour Bordeaux. — La *Ville-de-Bordeaux* part du Hâvre les 7 et 23 de chaque mois, et de Bordeaux les 1 et 15.
    La *Ville-de-Paris* fait la même navigation à d'autres époques.

Pour Dunkerque. — Le *Commerce-de-Lille* et le *Maréchal-de-Villars* partent tous les cinq jours.

Pour Londres. — Le *Phénix*, le *John-Wood* et la *Queen-Adelaïde* s'entendaient autrefois pour avoir un service journalier.
    Le *Phénix* a coulé dans un abordage avec la *Britannia*.

Pour Southampton. — Départ, deux fois par semaine. Deux bateaux.

Pour Rotterdam et Hambourg. — Le *Paris*, le *Hâvre*, le *Rotterdam* et le *Hambourg*. Le départ a lieu deux fois par semaine : on met 25 heures pour aller à Rotterdam, et 50 pour aller à Hambourg.

Pour Saint-Pétersbourg (touchant à Copenhague). — Départs du Hâvre et de Saint-Pétersbourg les 1er et 15 de chaque mois par les deux bateaux le *Tage* et l'*Amsterdam*.

Pour New-York. — Service régulier les 1, 8, 16 et 24 de chaque mois, par des navires fins voiliers.

ENVIRONS DU HAVRE.

Graville. — Entre le Hâvre et Harfleur, n'oublions pas de visiter Grasville ou Graville dont la population, dans quatre ou cinq ans, s'est élevée de 1,200 âmes à près de 4,000 et qui a des brasseries, des filatures de coton, des fabriques de feutre, des forges hâvraises, des scieries mécaniques, des raffineries de sucre et des entrepôts de vin et de beurre. Ce gros bourg, qui ailleurs formerait une ville, se dessine agréablement en amphithéâtre sur le prolongement du coteau d'Ingouville. La mer qui en est éloignée y venait autrefois, et on voyait il y a soixante ans dans les anciens murs des anneaux de fer scellés où les navires s'amarraient. C'est dans sa baie, qu'au neuvième siècle, les flottes de pirates normands venaient se mettre à l'abri de la tempête. Le château qui la défendait a disparu sous les déboulements réunis aux sables amoncelés par la mer et par le fleuve. Il y a quelques jolies maisons de campagne et une belle fontaine. Le canal de Vauban qui devait joindre le Hâvre et Harfleur traverse une grande partie de son territoire.

Graville, autrefois *Gerardi-Villa*, posséda long-temps les reliques de sainte Honorine de Conflans près de Saint-Germain-en-Laye, qu'on y avait portées au moment où les pirates du Nord remontaient la Seine. Plus tard, elles furent rendues, mais, malgré cette restitution, le sarcophage vide continua d'attirer la foule à Graville, où six chanoines réguliers touchaient encore 40,000 livres de rente au commencement de la révolution. Au-dessus du sarcophage, il y avait dans le mur un trou où les pèlerins, moyennant finances, plongeaient la tête pour se guérir de la surdité. De nos jours, un curé sage et vraiment chrétien a fait murer la miraculeuse excavation. L'église et les ruines de ce monastère, d'architecture normande, sont situées à mi-côte sur une haute terrasse d'où l'on jouit d'un spectacle ravissant. Henri V, roi d'Angleterre, y logea, lorsqu'il débarqua à l'embouchure de la Seine pour venir dévaster la France.

Après avoir eu long-temps des seigneurs illustres, cette terre passa au cardinal de Bourbon, archevêque de Rouen, que les ligueurs proclamèrent roi de France sous le nom de Charles X. Le cardinal de Richelieu l'acheta 245,000 livres. Elle avait été érigée en marquisat en faveur de Georges de Brancas, seigneur de Villars.

Ingouville. A Graville commence la côte d'Ingouville, gros bourg de près de 8,000 âmes, habité en grande partie par des Anglais et qui peut passer pour un faubourg du Hâvre. Il est bâti en amphithéâtre sur une côte élevée, et se compose en grande partie de belles maisons de plaisance. De ses nombreuses terrasses, l'œil mesure l'Océan dans sa splendeur. Il y a là plusieurs pensionnats des deux sexes, des fabriques de tulle, de chapeaux, de chandelles, de faïence, de noir animal, de vitriol, de produits chimiques, de poterie, de serrurerie, d'instruments d'agriculture; des raffineries de sucre, des fonderies de métaux, des tonneleries, des briqueteries, des tuileries, des brasseries, des chantiers de constructions navales sur le Perrey, des entrepôts de vins et eaux-de-vie; — des bains de mer à la lame et d'eau chaude, douce ou salée. — Il s'y tient une foire de trente jours, le 29 septembre. — *Hôtels* : Bras-d'Or, Cheval blanc, Écusson de France. —*Cafés* : Auger, Devaux, Projeant.—*Bains* : Duboc, Ve Gosset, Lebreton, Martin.

Ingouville a toujours partagé les destinées heureuses ou malheureuses du Hâvre, ses désastres, sa prospérité commerciale et industrielle. Il n'y avait autrefois dans ce lieu qu'un simple manoir, *Inguelfi-Villa*. La fondation du village suivit de près celle de la ville. On admire à Ingouville un beau cabinet d'histoire naturelle et l'une des plus belles collections de roses qui existent en Europe. M. Casimir Delavigne est né dans cette commune, ainsi que son frère Germain, un des plus spirituels collaborateurs de M. Scribe.

La Hève. — Mais quel est ce promontoire, aux flancs minés par la tempête, qui court dans la mer et dont la tête blanche domine les maisons du Hâvre? C'est le gardien de l'embouchure de la Seine, le géant Adamastor des côtes de France, c'est le mausolée de cette nymphe *Heva* dont Bernardin de Saint-Pierre vous a conté la poétique histoire, c'est l'ancien avant-poste d'un peuple courageux, de ces vaillants Calètes qui, avant l'arrivée de Jules César dans les Gaules, occupaient le riche *pays de Caux*. Vous voyez au sommet deux pyramides blanches, ce sont les deux phares élevés pour signaler aux navigateurs les passages dangereux. Ils correspondent avec celui d'Ailly au nord et celui de Barfleur

au sud. Construits sous Louis XV, ils ne portent pas heureusement l'empreinte du style tourmenté, contemporain de la Pompadour. Leurs fanaux éclairent, par douze réflecteurs plaqués en argent et par vingt-quatre becs alimentés d'huile, l'embouchure de la Seine et la pleine mer depuis l'avénement de Louis XVI. Au pied, on trouve beaucoup de coquillages fossiles. Il y a trois cents ans, on vous aurait montré sur la hauteur le berceau de feuillage sous lequel François Ier contemplait son armée navale, voguant à pleines voiles pour aller attaquer l'Angleterre.

Nos brouilles avec cette puissance ne datent pas d'aujourd'hui. Du haut des plates-formes de ces deux phares élevés à 150 mètres au-dessus du niveau de la mer, vous embrasserez du regard trois des plus riches départements de la France, la Seine-Inférieure, le Calvados et l'Eure.

OUVRAGES A CONSULTER SUR LE HAVRE ET SES ENVIRONS.

Souvenirs pittoresques du Hâvre et de ses environs, par Morlent, oblong; *Guide du Voyageur au Hâvre*, par le même, in-12; *Mémoire sur le balnéaire de Lillebonne*, par Gaillard de Folleville, in-8°; *Histoire du château et des sires de Tancarville*, par A. Deville, in-8°; *Essai sur les énervés de Jumiéges*, par E. A. Langlois, in-8°. (Chez Edouard Frère, quai de Paris, 45, à Rouen, et chez les principaux libraires du Hâvre).

FIN.

TABLE.

Aux touristes des deux sexes. 1
Départ de Paris. 3
Edifices, établissements et curiosités de chaque arrondissement. 6
    Hôtels garnis. 9
    Restaurants. 14
    Cafés. 16
    Bains. 17
    Théâtres de Paris. — Prix des places. 18
    Postes. 19
    Poste aux chevaux. Ib.
    Malle-postes. Ib.
    Messageries. Ib.
Chemin de fer de Paris à Saint-Germain, et *vice versâ*. 20
Lieux remarquables qui bordent le chemin de fer. 31
Batignolles (rive droite). Ib.
Mouceaux (rive gauche). 33
Clichy-la-Garenne (rive droite). 35
Anières ou Asnières (rive droite). 40
Genevilliers (rive droite). 42
Colombe (rive droite). 44
Courbevoie (rive gauche). 46
Bezons (rive droite). 48
Nanterre (rive gauche). 50
Ruel ou Rueil (rive gauche). 57
Chatou (rive droite). 63
Croissy (rive gauche). 65
La forêt ou le bois du Vésinet. 67
La Seine. 68

Les bateaux à vapeur les DORADES et les ETOILES.	86
Tarif du prix des places.	88
Le Pecq (rive gauche).	93
Saint-Germain-en-Laye (rive gauche).	98
Le Ménil-le-Roi (rive gauche).	108
Maisons-Laffitte (rive gauche).	Ib.
Sartrouville (rive droite).	112
La Frette (rive droite).	113
Herblay (rive droite).	114
Conflans Sainte-Honorine (rive droite).	117
Andresy (rive droite).	121
Achères (rive gauche).	123
Carrières-sur-Poissy (rive droite).	124
Poissy (rive gauche).	Ib.
Villaines (rive gauche).	133
Médan (rive gauche).	Ib.
Vernouillet (rive gauche).	134
Verneuil (rive gauche).	Ib.
Triel (rive droite).	135
Vaux (rive droite).	137
Meulan (rive droite).	139
Les Mureaux (rive gauche).	145
Mézy (rive droite).	Ib.
Juziers (rive droite).	146
Rangiport (rive droite).	Ib.
Mézières (rive gauche).	148
Porcheville (rive droite).	Ib.
Limay (rive droite).	Ib.
Mantes (rive gauche).	150
Gassicourt (rive gauche).	160
Guernes (rive droite).	Ib.
Rosny (rive gauche).	161
Rolleboise ou Roboise (rive gauche).	165
Méricourt (rive gauche).	167
Mousseaux (rive gauche).	Ib.
Vétheuil (rive droite).	168
Moisson (rive gauche).	Ib.
Haute-Ile (rive droite).	169
La Roche-Guyon (rive droite).	170
Freneuse (rive gauche).	178
Bonnières (rive gauche).	Ib.

Bennecourt (rive droite).	179
Jeufosse (rive gauche).	*Ib.*
Limetz (rive droite).	180
Port Villez (rive gauche).	*Ib.*
Giverny (rive droite).	181
Vernon (rive gauche).	*Ib.*
Saint-Just (rive gauche).	189
Saint-Pierre-d'Autils (rive gauche).	*Ib.*
Pressagny (rive droite).	*Ib.*
Portmort (rive gauche).	191
Saint-Pierre-de-la-Garenne (rive gauche).	192
Courcelles (rive droite).	*Ib.*
Bouafles (rive droite).	195
Tosny, Thony ou Toeny (rive gauche).	*Ib.*
Vezillon (rive droite).	196
Les Andelys (rive droite).	*Ib.*
Le Thuit (rive droite).	207
La Roquette (rive droite).	*Ib.*
Bernières (rive gauche).	208
Muids (rive droite).	*Ib.*
Vironvey (rive gauche).	*Ib.*
Saint Pierre du Vauvray (rive gauche).	209
Andé (rive droite).	*Ib.*
Porte-Joye (rive gauche).	*Ib.*
Herqueville (rive droite).	*Ib.*
Connelles (rive droite).	210
Tournedos et Poses (rive gauche).	*Ib.*
Amfreville-sous-les-Monts (rive droite).	211
Pitres (rive droite)	214
Le Manoir (rive droite).	215
Les Damps (rive gauche).	*Ib.*
Pont-de-l'Arche (rive gauche).	216
Criquebeuf (rive gauche).	218
Sotteville-sous-le-Val (rive droite).	219
Freneuse-sous-le-Val (rive droite).	220
Caudebec-lès-Elbeuf (rive gauche).	*Ib.*
Elbeuf (rive gauche).	*Ib.*
Saint-Aubin (rive droite).	223
Orival (rive gauche).	*Ib.*
Cléon (rive droite).	224
Tourville-la-Rivière (rive droite).	225

Oissel (rive gauche).	225
Les Authieux (rive droite).	226
Belbeuf (rive droite).	*Ib.*
Saint-Etienne de Rouvray (rive gauche).	228
Amfreville-la-mi-Voie (rive droite).	*Ib.*
Sotteville-lès-Rouen (rive gauche).	229
Blosseville-Bon-Secours (rive droite).	230
Rouen (rive droite).	232
Hôtels.	246
Restaurants.	*Ib.*
Déjeuners à 1 fr. 25 c., dîners à 2 fr.	*Ib.*
Cafés.	*Ib.*
Bains.	*Ib.*
Cercles du Commerce.	*Ib.*
Postes.	247
Diligences.	*Ib.*
Bateaux à vapeur pour Paris et pour le Hâvre.	*Ib.*
Ouvrages à consulter sur Rouen.	*Ib.*
Petit-Quevilly (rive gauche).	248
Grand-Quevilly (rive gauche).	249
Cantfleu (rive droite).	250
Petit-Couronne (rive gauche).	252
Grand-Couronne (rive gauche).	253
Val-de-la-Haye (rive droite).	*Ib.*
Hautot (rive droite).	254
Moulineaux (rive gauche).	*Ib.*
Sahurs (rive droite).	256
La Bouille (rive gauche).	*Ib.*
Caumont (rive gauche).	258
Saint-Pierre-de-Manneville (rive droite).	*Ib.*
Quevillon (rive droite).	259
Saint-Martin de Boscherville (rive droite).	*Ib.*
Bardouville (rive gauche).	261
Ambourville, Berville et Anneville (rive gauche).	262
Duclair ou Ducler (rive droite).	263
Ménil-sous-Jumiéges (rive droite).	265
Guenonville (rive gauche).	266
Le Landin (rive gauche).	267
Jumiéges (rive droite).	*Ib.*
Yainville (rive droite).	273
Heurteauville (rive gauche).	*Ib.*

Le Trait (rive droite).	274
Guerbaville (rive gauche).	Ib.
La Mailleraye (rive gauche).	275
Saint-Vandrille (rive droite).	277
Caudebec (rive droite).	280
Saint-Nicolas (rive gauche).	284
Villequier (rive droite).	285
Vatteville (rive gauche).	287
Norvilie (rive droite).	Ib.
Alzier (rive gauche).	Ib.
Vieux-Port (rive gauche).	288
Quillebeuf (rive gauche).	Ib.
Lafrenaye (rive droite).	291
Lillebonne (rive droite).	292
Marais-Vernier (rive gauche).	296
Tancarville (rive droite).	298
Conteville (rive gauche).	301
Berville (rive gauche).	303
Grestain (rive gauche).	304
Fatouville (rive gauche).	305
Gonfreville-l'Orcher (rive droite).	307
Honfleur (rive gauche).	310
Harfleur (rive droite).	316
Hâvre (rive droite).	324
Industrie.	334
Commerce.	Ib.
Biographie.	335
Hôtels.	Ib.
Restaurants.	Ib.
Cafés.	Ib.
Bains.	Ib.
Cercles.	Ib.
Bateaux à vapeur.	Ib.
Environs du Hâvre.	337
Graville.	Ib.
Ingouville.	339
La Hève.	340
Ouvrages à consulter sur le Hâvre et ses environs.	342

CARTE
du cours inférieur
DE LA SEINE

www.ingramcontent.com/pod-product-compliance
Lightning Source LLC
Chambersburg PA
CBHW050256170426
43202CB00011B/1714